进化的力量

②

寻找不确定性中的确定性

刘润 · 著

机械工业出版社

CHINA MACHINE PRESS

图书在版编目（CIP）数据

进化的力量. 2，寻找不确定性中的确定性 / 刘润著. —北京：机械工业出版社，2023.3
ISBN 978-7-111-72623-4

I. ①进… II. ①刘… III. ①管理 - 通俗读物 IV. ① C93-49

中国国家版本馆 CIP 数据核字（2023）第 018774 号

进化的力量 2：寻找不确定性中的确定性

出版发行：机械工业出版社（北京市西城区百万庄大街 22 号　邮政编码：100037）
策划编辑：刘　静
责任编辑：刘　静　　王　芹
责任校对：潘　蕊　　王　延
责任印制：李　昂
版　　次：2023 年 3 月第 1 版第 1 次印刷
印　　刷：北京联兴盛业印刷股份有限公司
开　　本：147mm×210mm　1/32
印　　张：8.25
书　　号：ISBN 978-7-111-72623-4
定　　价：69.00 元

客服电话：（010）88361066　68326294

PREFACE ● 序言

在隆冬，我终于知道，我身上有一个不可战胜的夏天。

——阿尔贝·加缪（Albert Camus），法国作家最近，有很多人问我这样的问题：

未来，我们会遭遇什么样的变化？

企业和个人的战略，应该如何制定？

感觉到了一丝"寒气"，以后要怎么办？

…………

确实，这是一个万事万物剧烈变化的时代。变化会让人焦虑，焦虑会引发不安，而不安会让"寒气"更寒。因为看不懂、猜不透，所以会胡思乱想，失去信心。

因此，我们迫切地要在这个充满不确定性的世界里找到确定性。

那么，到底什么是确定性？

手机在我的口袋里，鼠标在我的右手边，我知道它们在哪儿，它们也确定地就在那儿。无论今天是得意还是失意，我都知道，明天早晨太阳会照常升起。

这是确定性。因为我知道，所以我有很强的安全感；因为我知道，所以我还可以做一些预测。

我在杭州出差，想去西湖吹风，请问有没有一条最短的路径？想一想，肯定是有的。有没有一条红绿灯最少的路径？有没有一条用时最短的路径？也一定是有的。

虽然我并不知道具体是哪一条路径，但我清楚地知道，一定是有的。如果我非常赶时间，那么接下来我要做的事情就是把这条用时最短的路径找出来。

这个过程是一个探索的过程。30年前，我靠自己走街串巷的记忆找到了一条好走的路；20年前，出租车司机用他的经验帮我找到了最快的路；现在，依托人工智能、大数据等先进科技，各种地图软件告诉我哪条路径是用时最短的。

这就是确定性。

在复杂多变的商业世界中，正是因为存在确定性，所以有些事情是有确定答案的。但这个确定性需要我们不断地学习、不断地研究才能找到。只要找到它，我们就能比别人做得更好，就能更快地到达目的地。

在这个充满不确定性的世界里，找到确定性并不是一件容易的事。这也是为什么我要写这本书。这件事很难，但我们必须做，因为只有找到确定性，我们才能不断进化、不断蝶变。

在这本书中，我把内容分成8章：不确定性、化解意外、穿越周期、第五要素、消费进化、元宇宙、拥抱规划、成为确定性。通过这8章，我将和你一起探讨在过去几年尤其是过去一年里很多令人困惑不已的问题。

- 为什么说现在的环境就像是寒武纪生命大爆发？

- 在变化的时代如何充满弹性？

- 有哪些逆势增长的机会？

- 驱动经济增长的第五要素是什么？

- 元宇宙到底处于什么阶段，是否有美好的未来？

- 未来商业世界确定性的趋势是什么？

- 如何理解"十四五"规划？

  …………

  我将和你一起分析这些问题背后的原因，一起锻炼商业思维，一起寻找进化的力量。

  在这本书中，我还分享了很多让我深受触动甚至倍感震撼的故事：为了创业，赵德力冒着生命危险试飞飞行摩托"筋斗云"；钟承湛因为意外受伤无法站立，但他即使坐在轮椅上，也依然要驭雪飞翔，寻找自己那座高耸的"未登峰"；骤遇"寒冬"，俞敏洪依然坚持拿出 200 亿元给学员退学费，给员工发遣散费……

  这些人的故事，是千千万万人在困境中迎难而上的缩影。我们透过这些故事，看到了挫折，更看到了战胜挫折的信念；看到了挑战，更看到了迎接挑战的勇气；看到了苦难，更看到了摆脱苦难的智慧。希望这些故事也能感染到你，让你感受到温暖的力量。

　　法国作家阿尔贝·加缪说过一句话："在隆冬，我终于知道，我身上有一个不可战胜的夏天。"

　　在那个备受新冠疫情困扰的时代，如果你感受到"寒气"，那是很正常的。未来几年，依然会面临很多不确定性，但我们要选择战斗，决不认输、决不放弃，要在裂缝中不断寻找出路，要举起火炬，让寒冷的人不会冻毙于风雪，让灰心的人可以在黑暗中看到光亮，要努力让自己活成确定性，并把确定性传递给每一个人。

　　企业家、创业者、管理者要把确定性传递给自己的公司和团队。

　　渴望进步和成长的个人，要把确定性传递给努力的自己。

　　不要只看到眼前的冬天，要望到冬天过后的春暖花开；不要只看到荆棘满布，要望到披荆斩棘后的原野。

　　我期待和你一起穿越"寒冬"，拥抱春天。我将不胜荣幸，也将全力以赴。

目 录 ● CONTENTS

序言

第 1 章

不确定性

真正的不确定性，根本无法计算概率

千百年来，人类一直在寻求一种东西，叫作"确定性"，因为确定性能给我们带来安全感。

然而，事与愿违的是，这个世界上更多的是不确定性。市场有不确定性，供应链有不确定性，疫情有不确定性，国际环境有不确定性……似乎到处都充满着不确定性。

那么，到底什么是"不确定性"？

不确定性有两种：一种叫作已知的未知，另一种叫作未知的未知。

比如，你应邀参加一个非常重要的活动，但你不知道那一天会不会下雨，你查了一下天气预报，发现当天有30%的概率会降水。于是，你知道那一天有30%的概率会下雨。这种不确定性就叫作已知的未知，是一种非常常规的不确定性。

那么，面对已知的未知，你会怎么做？

　　我先问一个问题：当你发现降水概率是 30% 时，在这种情况下，你会不会带伞出门？

　　有些人可能会带，原因很简单："这个活动很重要，有很多重要客户会参加，我精心设计的妆容不能花。"有些人可能不带，原因也很简单："我把双肩包顶在头上，跑两步不就过去了吗？这不是什么大事。"

　　那么，换一个问题：如果你要从上海坐飞机去北京，但查询航空预报后，发现当天的飞机失事概率是 30%，请问在这种情况下，你会不会坐飞机去北京？

　　这时，大多数人可能会觉得有些不可思议："你是在开玩笑吗？飞机有 30% 的概率会失事，我为什么还要坐飞机？这不是赌命吗？"

　　如何知道一件事到底是该干还是不该干？可以通过计算数学期望来判断，也就是用结果乘以概率。

　　换言之，在已知的未知的情况下，我们做决策时，可以用结果乘以概率来做出判断。

　　降水概率和飞机失事概率是一样的，都是 30%，为什么你却做出了不一样的决策？因为概率相同，但代价（结果）不同。

　　这种可以计算概率的不确定性，我们称之为"风险"。

　　还有一种不确定性，叫作未知的未知。

风险管理专家纳西姆·尼古拉斯·塔勒布（Nassim Nicholas Taleb）写了一本书叫作《黑天鹅》，什么是"黑天鹅"？就是你永远都不知道它**什么时候**会发生，甚至不知道**它会发生**，因为它以前没有发生过。

2022 年春节，我是在南京父母家过的。每年春节，我都有一个非常重要的任务——帮父母扔东西，因为他们太喜欢囤东西了。家里有一个冰箱，还有一个冰柜。2 年前买的海鲜、3 年前开的中药、4 年前别人送的土鸡，还有 5 年前的明前龙井，把整个冰柜塞得满满当当。

我一边扔一边"威胁"说，我连冰柜都要扔掉。但当时正是春节假期，回收站都停业了。我只好在回上海之前抛下一句狠话："等我回到上海，就立刻找人来把冰柜处理掉。"

谁也没想到，我一回到上海，就开始了居家办公的日子，并且，这样的日子一直持续了两个多月。在那两个多月里，我和很多人一样，每日忙于拼团买菜、囤鸡蛋。有一天，我发了一条朋友圈，说："咱们小区有没有要学竞争战略的，一小时四个鸡蛋。"没想到，这条朋友圈刷屏了。

我找了个理由，给父母打了通电话，聊到最后，我问："对了，你们的冰柜没扔吧？没扔？好。那先放着。"我心里的一块石头落地了，然后……我也买了一个冰柜。

前不久刚威胁父母要扔掉他们的冰柜，转身我就给自己买了一个。我是数学系毕业的，但我想我用尽全部的脑细胞也无法计算这件事发生的概率。

这就是未知的未知，它没有先验概率，也就是说，你无法根据以往的经验和分析知道它会不会发生。你无法用任何方法计算出它发生的概率，更无法用多次尝试来换取更大的或至少成功一次的可能性。

在这本书里，我所提到的"不确定性"指的是"未知的未知"。在我看来，真正的不确定性根本无法计算概率。从数学的角度来说，风险终究是可计算的，不是什么大事，因为可计算意味着可以评估利弊得失。

安全感来自确定性，但机会藏在不确定性中

面对不确定性，人类最自然的应对策略是回到熟悉的世界里，找回安全感。

我们来看一组数据。根据教育部的统计，2022 年中国应届高校毕业生人数第一次突破 1000 万，达到了 1076 万，比 2021 年（909 万）增加了 167 万⊖，毕业生的数量创下了

⊖　李金磊. 应届大学毕业生破千万大关　保就业，国家出招了！[EB/OL]. （2022-05-23）. https://m.gmw.cn/baijia/2022/05/23/35755037.html.

历史新高。

这 1076 万人是中国第一批"00 后"应届毕业生。在 2021 年的年度演讲中，我把这批年轻人称为"Z0 世代"，他们有 9 个关键词：富足、感性、颜值、爱国、独立、懒宅、养宠、养生、意义。他们非常优秀，但是，他们毕业在充满不确定性的 2022 年，该怎么办呢？

大多数人的选择是考研、考公。

据相关统计，相比 2021 年，2022 年中国应届高校毕业生的人数增加了 18.4%[○]，达到了 1076 万，但研究生的报考人数却增加了 21.2%（2021 年为 377 万），达到了 457 万[○]，首次突破 400 万；而国家公务员的报考人数增长了 34.2%（2021 年为 158 万），达到了 212 万[⊜]，首次突破 200 万。

考研人数、考公人数的增长幅度都远高于毕业生人数，为什么？因为只要考上，就能回到那个依旧"熟悉"的世界里，找回安全感。

这很好，对很多人来说，这是正确的选择。但是，这并

○ 俞苑，郭雨祺. 2022：应届高校毕业生就业"冲刺"微观察 [EB/OL]. (2022-05-20). https://baijiahao.baidu.com/s?id=1733301230964161549.

○ 戴凛. 报名人数同比增加 21%"考研热"下的众生相 [EB/OL]. (2022-08-30). https://www.163.com/dy/article/HG128CG00550HHWE. html.

⊜ 解丽. 2023 年国考招录应届毕业生的占比为近年来最高 [EB/OL]. (2022-10-24). https://t.ynet.cn/baijia/33487916.html.

不是唯一的选择。

　　有一些人就做出了不一样的选择。有个小姑娘叫林西，毕业于北京外国语大学。如果让你来猜她的职业，或许你都猜不到，甚至可能都没有听说过她的职业：手机装裱师。

　　我儿子叫小米，因为这个缘故，我特别喜欢小米手机。有一天，我突发奇想：能不能把我用过的所有小米手机都保存下来，等我儿子长大以后，当作礼物送给他呢？我想，那时我可以对他说："小米，今天是你'大喜'的日子，我没有多少钱可以留给你，这些是我曾经用过的小米手机，我就把它们传给你作为纪念吧。"

　　这个主意让我越想越激动，于是，我开始在网上搜索有没有人能把这些手机装裱起来。没想到，真的有人从事这样的职业，比如林西。我把手机寄给她，请她为这些手机做装裱。几天之后，她把这些手机寄回来了，只不过，这些手机都变成了新的模样，如图 1-1 所示。

　　我看到后都震惊了：这不是简单的装裱，而是先拆解，再装裱，而且还设计得这么有艺术感！这不是老天爷赏饭吃，而是老天爷追着喂饭吃啊！

　　后来，我把这些手机寄给小米公司的创始人雷军，请他在上面签名留念。雷军看到后也爱不释手，非常喜欢。

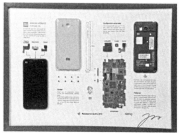
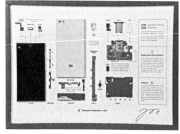

图 1-1 拆解设计后的小米手机

　　我好奇地问林西："你是怎么走上做手机装裱师这条路的呢？"她说，这个创意来自她参观一个艺术展时受到的启发。

　　在英国留学时，一个偶然的机会，林西参观了一个艺术展，看到设计师用塑料垃圾来制作装裱画，她当时就想：既然塑料垃圾可以变废为宝，我那些舍不得扔的电子设备是不是也可以做成艺术品？

　　林西装裱的第一部手机是一部 iPhone 4，从拆解、设计到装裱到画框里，林西只用了 3 天时间。她把装裱这部手机的过程拍成了视频，发布到了网上。没想到，这条视频大受欢迎，很多人找到她，无数订单向她飞来。比如，有人寄来了 20 世纪 70 年代的初代摩托罗拉"大哥大"，还有人请她把自己早年使用的诺基亚 3650 手机装裱为纪念品。

最让林西受触动的是，每个订单背后都有一个感人的故事。比如，她曾经受托对一块手表和一枚钻戒进行装裱，如图 1-2 所示。

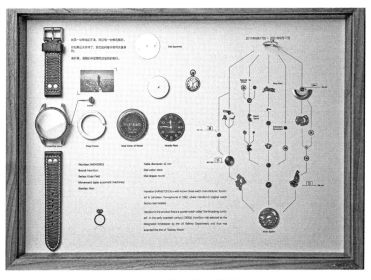

图 1-2　林西装裱作品 1

委托人是一位男士，2022 年他和妻子结婚十周年，但是，他深爱的妻子却因病已经离开了这个世界，他非常想念妻子。手表是结婚的时候他妻子送给他的，他一直舍不得戴，怕不小心磕着碰着，更怕丢了，因此，他希望林西能把这块手表和妻子的钻戒一起装裱起来，让它们能日日夜夜、岁岁年年地继续陪伴他。林西说："我一边哭着一边完成了这幅作品。我把手表做成了一棵'生命树'，手表的零件路线层层叠加，最终汇合到终点——象征着两个人美好爱情的钻戒。纵使山河有恙，不敌世间深情。"

再比如，有一位客户请林西对一台戴尔笔记本电脑进行装裱，如图 1-3 所示。

图 1-3 林西装裱作品 2

这位客户是一位创业者，在创业初期，这台笔记本电脑陪他度过了无数个不眠不休的深夜和凌晨。现在，他创业成功了，也换了新笔记本电脑。但是，那段艰苦的创业岁月最是难忘。所以，他请林西把这台笔记本电脑装裱起来，并把他的创业团队照片和创业历程描述都设计到这个作品中，以此来时时提醒自己：哪有什么一夜成名，其实都是百炼成钢。

这哪是手机装裱师，这是故事镌刻师。把故事镌刻在时间上，才能被永远铭记。

在充满不确定性的 2022 年，林西没有在熟悉的世界里寻找安全感，而是到未知的世界里寻找新机会。刚毕业不久的林西，靠"手机装裱师"这个创造性的新职业，年收入几百万元。

在熟悉的世界里，有安全感。但是，在不确定的世界里，却有大量的新机会，有汹涌澎湃、呼啸而来的"物种大爆发"。

大约在 5 亿年前，地球上出现过一个很难解释的现象，那就是：在非常短的时间内，同时诞生了大量新物种。这些物种种类繁多，差异极大，身体结构有着根本的不同。大部分现代动物的祖先，都在这时候出现了。因为这一现象发生在寒武纪，所以被称为"寒武纪生命大爆发"（Cambrian Explosion）。

对于"寒武纪生命大爆发"，即使是达尔文都认为无法解释。1859 年，他在论述生命演化的著作《物种起源》中写道："这件事情到现在为止都还没办法解释。或许有些人刚好就可以用这个案例，来驳斥我提出的演化观点。"

果然，在这之后的上百年里，"寒武纪生命大爆发"一直是进化论的软肋。正如达尔文所料，无数人用这一现象来否定进化论。

为什么达尔文的进化论很难解释"寒武纪生命大爆发"呢？

雨下得越大

道路越泥泞

你就越有机会弯道超车

安全感来自确定性
但机会藏在不确定性中

我们知道，整个进化论的理论大厦有一个根基：物竞天择，适者生存。

一开始长颈鹿的脖子并不长，我们可以叫它们"短颈鹿"。它们其实并不知道如何获得竞争优势，只会拼命地生、拼命地生。生的数量足够多，就会发生各种意料之外的随机变异，比如，有的短颈鹿脖子变长了，有的短颈鹿腿变粗了，有的短颈鹿突然会算微积分了。这就是"物竞"。那么，哪一种短颈鹿能活下去呢？不知道。没关系，交给"天"来选。正好，低处的树叶都被吃完了，只有高处还有。于是，那些脖子长的短颈鹿就活下来了。这就是"天择"。物竞天择，适者生存，于是，就有了长颈鹿。

但是，"物"一直没有停止过"竞"，"天"也一直没有停止过"择"。如果"物竞天择"是个持续的过程，从不停止，那么，整个进化的过程应该总体是平稳、均匀的吧。突然出现大量物种，这一现象确实很难解释。

那么，"寒武纪生命大爆发"推翻了进化论吗？

生命科学家、《王立铭进化论讲义》的作者王立铭老师给出了他的答案：并没有。相反，"寒武纪生命大爆发"证明了进化论。

随着对寒武纪的研究越来越深入，生物学家们对这次生命大爆发有了越来越清晰的认知。他们发现，有很多原因导致了这次生命大爆发的出现，比如结构基因[⊖]的出现、捕食者的压力，等等。但是，在所有这些原因中，有一个原因非常重要，那就是寒武纪之前的一次物种大灭绝。这次大灭绝为整个自然界腾出了大量的生态位[⊜]，这些突然空出来的生态位带来了很多不确定性，正是这些不确定性孕育了大量的新物种。

安全感来自确定性，但机会藏在不确定性中。

每一个弯道里，都有你超车的机会

著名 F1 赛车手艾尔顿·塞纳（Ayrton Senna）有一句名言："你不能在晴天超过 15 辆车，但在下雨天你可以。"雨下得越大，道路越泥泞，你就越有机会弯道超车，因为机会藏在不确定性中。只要你能看清那些被雨水和泥泞遮蔽的弯道，你就有机会弯道超车。

有哪些弯道？意外、周期、趋势、规划。在这四个弯道里，任意一个都有你超车的机会。

⊖ 结构基因指的是决定某一种蛋白质分子结构的相应的一段 DNA 或染色体序列。

⊜ 生态位又称生态龛，是指一个种群在生态系统中，在时间、空间上所占据的位置及其与相关种群之间的功能关系与作用，表示生态系统中每种生物生存所必需的生境最小阈值。

那么，到底什么是意外、周期、趋势和规划？接下来，我来带你认识一下它们。

我们都知道，两点之间的直线距离是最短的。但是，前进的道路怎么会是笔直的，总会有一个个波折。这一个个波折，就是意外。

比如，公司有一个项目很重要，所有人都在为赶工期加班加点，突然，一个关键同事离职了，项目被迫延期，这就是意外。

再比如，你买了一家水产公司的股票，但你怎么都想不到，突然有一天，它家养的扇贝竟然"跑了"，这就是意外。

在 2022 年 2 月之前，你能预测到俄乌冲突的发生吗？我估计你不能。在上海复兴公园内，有两位退休老人，一位支持乌克兰，一位支持俄罗斯，互不相让，竟然打起来了，甚至致其中一位的耳朵流血受伤。俄乌冲突是意外，因为俄乌冲突而致耳朵流血受伤更是意外。

意外总在发生，但意外也终会回归。意外带来的震荡，时大时小，时快时慢，但最终都会回归到一条主线上。这条主线就是"意料之外、情理之中"的确定性。

只是，这条主线并不是一条直线。

比如猪肉价格。根据农业农村部"全国农产品批发市

场价格信息系统"的监测数据，2022 年 10 月，全国猪肉
平均批发价格是 34.16 元 / 千克。你觉得这个价格是贵还是
便宜？有一组数据，你可以对比来看：2022 年 4 月，全国
猪肉平均批发价格是 18.52 元 / 千克，2021 年 12 月的批发
价格是 23.98 元 / 千克，2021 年 10 月的批发价格是 19.51
元 / 千克。可见，从 2021 年 12 月到 2022 年 4 月，价格是
下跌的，而从 2021 年 10 月到 2021 年 12 月，价格又是上
涨的。

　　你发现了吗？猪肉价格其实一直在变，并且这种变化呈
现出一种周期性，如图 1-4 所示。如果拉长时间轴来看，这
种周期性会更加明显。

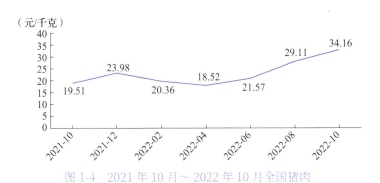

图 1-4　2021 年 10 月～ 2022 年 10 月全国猪肉
平均批发价格变化图

资料来源：中华人民共和国农业农村部官网。

　　经济学家任泽平曾经发布过一张 22 个省市猪肉平均价
格波动图，如图 1-5 所示。

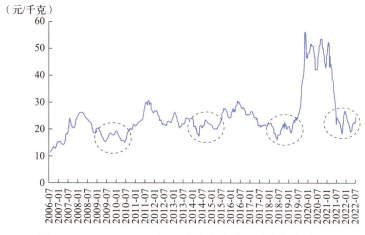

图 1-5　2006 ～ 2022 年 22 个省市猪肉平均价格波动图
资料来源：Wind，泽平宏观。

图 1-5 呈现的是 2006 ～ 2022 年 22 个省市猪肉平均价格的变化，从这张图上可以看出，在过去的 16 年里，这些省市的猪肉价格经历了四个非常明显的周期，先升后降，再升再降，如此往复。

很多人会感到不解：价格不是由供需关系决定的吗？中国人一年吃多少猪肉，总体上来说是平稳的，那么，猪肉价格也应该是总体平稳的吧，为什么会呈现周期性呢？

对于这个问题，如果你站在养猪户的角度去思考，很快就能想明白。

当猪肉供应量小、老百姓买不到猪肉的时候，猪肉的价格就会上涨，这样一来，养猪户就会赚钱。一看到养猪赚钱，就会有更多人养猪，猪肉的供应量因此迅猛增长，导致供大于求，这时猪肉价格又开始下跌，养猪户开始亏钱。这就是"猪贱伤农"。在这种情况下，很多人不养猪了，猪肉供应量随之减少，而猪肉价格开始上涨，养猪户又赚钱了。如此往复，这就是"猪周期"。

你可能会想：养猪户不会这么傻吧，明明知道有周期，为什么不"反向操作"？这样不就可以逆势赚钱了吗？

是的，很多养猪户是这样想的。

但也有养猪户会想：大家都不傻，都会"反向操作"，那我只有"预判你的预判，反向你的反向"，才能真的赚到钱。

于是，中国的所有养猪户都在做自己"情理之中"、别人"意料之外"的决策，这些决策最终就汇聚成了一条涨跌交替的曲线。这就是"周期"。

意外充满不确定性，周期比意外确定，但是，周期也是一种震荡，而且是一种更大幅度的震荡。这种震荡是不是最终也会回归到一条主线上呢？

是的。但是，从长远看来，周期最终回归的主线即"趋势"从来都不是水平向前的，而是斜直向上的、不可逆转的。

怎么理解趋势？我们来看几张图。

第一张图是一幅 19 世纪的油画，如图 1-6 所示。

图 1-6　19 世纪的油画

　　在这幅油画上，两位工人正在架设电缆，送信的邮差骑着一匹马从旁边疾驰而过。这位邮差可能永远也不能理解，这一根根杆子未来竟然会取代他的工作，更理解不了，邮差被电话取代是不可逆转的趋势。

　　第二张图是 1900 年纽约第五大道的照片，如图 1-7 所示。

图 1-7　1900 年纽约第五大道的照片

　　1900 年，跑在纽约第五大道的主路上的都是马车。汽车在哪里？如果你仔细看的话，有几辆汽车跑在辅路上，很遭嫌弃的样子。是的，在那个时代，汽车是被马车嫌弃的。甚至，1865 年英国还颁布了一部《机动车法案》。这部法案规定，每一辆在道路上行驶的机动车都必须由 3 个人驾驶，其中一个人必须在车前方 50 米以外，一边步行一边挥舞一面红色的小旗子为机动车开道，并且机动车的速度不能超过每小时 6.4 千米。为什么？怕吓着马。

　　但到了 1913 年，情况就发生了变化，如图 1-8 所示，这是 1913 年纽约第五大道的照片，这时主路上跑的已经全都是汽车了，马车只能跑在辅路上。不管马车多么嫌弃汽车，它被汽车取代都是不可逆转的趋势。

图 1-8　1913 年纽约第五大道的照片

第四张图是 20 世纪初的一幅漫画，如图 1-9 所示。

图 1-9　20 世纪初的漫画

这幅漫画是当时的人们用来讽刺电力设施的——有人被密密麻麻的电线缠绕在了半空。当时的人们一定觉得电线这种东西是反人类的，很可笑。但是，今天我们再回过头来看这幅漫画，会觉得他们才是真正可笑的。因为我们早已知道，油灯被电灯取代是不可逆转的趋势。

曾经的不可思议，都是今天的理所当然。

可是，为什么趋势一定是不可逆转的呢？因为，效率提高了。

远古时期，人类是怎么砍树的？把一块石头扔到地上砸碎，然后用石头锋利的边缘去"磨"一棵树，可能要花整整一天的时间才能"磨"倒一棵树。

后来，人类发明了斧子，用斧子"砍"树，一天可以砍 10 棵树。以前，用一棵树能换回 10 块肉；现在，用 10 棵树能换回 30 块肉、3 件衣服、2 件武器和 10 条鱼。

这就是效率。有了斧子，人类再也回不到石器时代了。

再后来，人类发明了电锯，用电锯"锯"树，一天可以锯 100 棵树。人们可以用这 100 棵树换回自己所需要的吃的、喝的、用的，并且还有富余，于是，把这些富余的分给音乐家，请他们创作美妙的音乐；分给科学家，请他们研究更先进的工具；分给天生不幸的人，让他们不至于冻毙于风雪之中。

这就是效率。有了电锯，人类再也回不到铁器时代了。

很多人经常说"长期主义"，什么是长期主义？长期主义就是把公司的战略锁死在趋势的延长线上，绝不动摇。从长远看来，趋势一旦发生，就再也不会回头，因为高效一定会打败低效。

趋势比周期更确定，而规划又能引领趋势。

那么，什么是"规划"？

岷江是长江上游的一条重要支流，年均径流量相当于黄河的 1.5 倍。岷江的水从青藏高原，流经成都平原，在宜宾汇入长江。和大部分江河一样，岷江冬春水少，常常有旱灾；夏秋水多，常常有涝灾。

怎么办？

公元前 256 年，秦国蜀郡的郡守李冰和他的儿子决定在岷江上建设一个水利工程，重新规划岷江的水流，造福百姓。这个水利工程就是著名的都江堰。

李冰父子对岷江的规划包含三个重要的设计：鱼嘴、宝瓶口和飞沙堰，如图 1-10 所示。

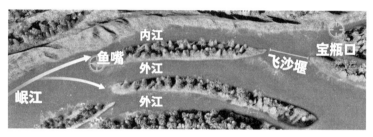

图 1-10　都江堰全图

鱼嘴是一个分水工程，它把岷江分成了内江和外江。内江的水从宝瓶口流入了成都平原，用于灌溉；外江的水流入主干道，汇入长江。

但这不是重点。鱼嘴这个设计，真正令人拍案叫绝的是它的水下结构——内江很窄但是很深，外江很宽但是很浅。冬去春来，当岷江的水位很低时，鱼嘴会使四成的水流入又浅又宽的外江，六成的水流入又窄又深的内江，保证大部分的岷江水流向成都平原，满足灌溉的需要。夏去秋至，当岷江水位升高时，鱼嘴又会使六成的水从外江流走，四成的水从内江进入成都平原，避免农田被淹。

这个设计实在是太聪明了。可是，如果水还是多，怎么办？

为了解决这个难题，在内江水进入成都平原的宝瓶口旁边，李冰父子设计了飞沙堰。当内江的水位高于飞沙堰的时候，多余的水就会从这里排入外江，从而保证成都平原的水量稳定。

2000 多年前，李冰父子完全没有借助任何现代科技，就通过鱼嘴、宝瓶口、飞沙堰的规划，把曾经旱涝无常的成都平原改造成了拥有几十万公顷良田的天府之国，造福了千千万万子孙后代。

这就是规划的力量。规划就像河床一样，让浩浩荡荡的趋势之河为人所用，而不是与人为敌。

现在，我想你一定理解了什么是意外、周期、趋势、规划。回到最开始的问题：如何从不确定性中找到确定性？**答案其实很简单，就是从意外里看到周期，从周期里看懂趋势，从趋势里看清规划。**

接下来，让我们一起化解意外，穿越周期，锁死趋势，拥抱规划。

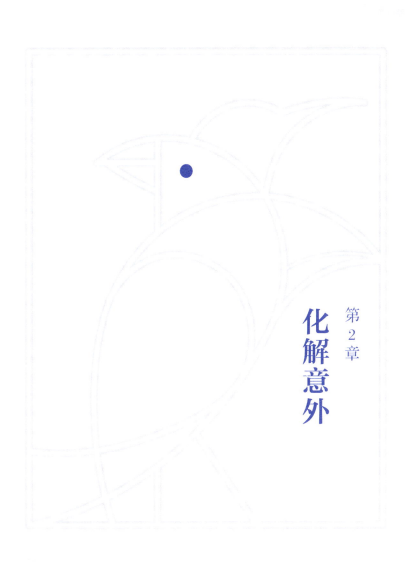

第 2 章

化解意外

若你充满弹性，总能化解意外

我们先从俞敏洪的故事开始讲起。

如果我说2021年俞敏洪遭遇了常人难以想象的"意外"，可能不会有人反对。大家都知道，新东方在教培行业构建了强大的"护城河"。但是，突然之间，"城"没了，于是，这条"护城河"的价格瞬间跌去了95%。

与新东方同样遭遇这个意外的，还有其他教培机构。没有学生交学费了，甚至还要退学费，但工资依然要付，这导致大量教培机构现金流断裂。困境之中，很多教培机构选择了欠款跑路，但俞敏洪没有这么做。

俞敏洪宣布，新东方会退还所有学生的预缴学费，支付所有老师的离职工资，还把退租教学点后多出来的8万套课桌椅捐给了乡村学校。俞老师的做法非常有担当，让人感动、敬佩。

2022年5月，我和俞敏洪老师在"刘润直播间"进行了一场对话。当时，我问他："为这样的担当，需要准备多少钱？"俞老师回答说："200 亿元。"200 亿元，这是多少上市公司一辈子都挣不来的钱。

我问："这 200 亿元就一直趴在账户上吗？董事会没意见吗？"

俞老师说："董事会当然有意见。但是，这 200 亿元给新东方的经营带来了巨大的弹性。其实，早在 2003 年'非典'（SARS）期间，新东方就遇到过一次类似的危机。那次，因为'非典'的暴发，各个校区都不能上课了，收入没有了，支出还很大。我非常焦虑，到处找人借钱。最后，一个好朋友连借条都没打，就给了我 3000 万元。靠这 3000 万元，新东方度过了那次危机。从此以后，我就要求新东方的账户上始终要有足够退还所有学费、支付所有工资的现金。面对再大的诱惑，这笔钱都坚决不能动，除非换掉我这个董事长。"

企业随时都有可能遭遇意外，所以，必须保持弹性，用弹性化解意外，这样才能做到"存心时时可死，行事步步求生"。

什么是弹性？

我们来做一个实验。假如现在我们面前的桌子上有三样东西，分别是花瓶（薄瓷材质）、泥人和篮球。现在，我们来制造"意外"：把这三样东西一个一个扔到地上。结果会怎么样？

我们先扔花瓶。果然，花瓶碎了。薄瓷材质的花瓶只要受到很小的外力撞击，内部结构就会断裂，外部形状就会被破坏。它经不起一点点意外。这种一受力就会被破坏的特性，叫作"脆性"。

接着，我们再扔泥人。泥人被摔成了泥，再也回不到原来的样子，"意外"重塑了它。这种一受力就变形并且再也变不回来的特性，叫作"塑性"。

最后，我们扔篮球。篮球在地上弹了几下，完全没有损坏。什么叫"弹"了几下？就是先短暂变形，再快速恢复。这种受力后先变形再恢复的特性，就叫作"弹性"。

脆性、塑性、弹性，具有这三种特性的企业也是不一样的。

一家具有"脆性"的企业，就像是花瓶。平常看上去很光鲜，但稍微遇到一点点意外，就溃不成军、七零八落。

一家具有"塑性"的企业，就像是泥人。不出问题的时候，什么都好；一出问题，就行为扭曲，甚至价值观变形，美其名曰"一切都是为了生存"。

而一家充满"弹性"的企业，就像是篮球。不管遇到什么意外，总能再次站起来。就像得到 App 创始人罗振宇老师所说："躺不平，又卷不赢，怎么办？蹲下。"只要你"柔软"而不"脆弱"，总能化解意外。

在岁月静好的时候，花瓶有花瓶的美，泥人有泥人的美。可是，当意外来临时，我祝愿你是一个富有弹性的篮球。

财务弹性能"救命"，活下去很重要

日本丰田公司提出过一个著名的管理理论，叫作 JIT（Just In Time），也就是"即时生产"。

举个例子。下午 3 点，丰田的生产部门接到了一个任务：马上装配一辆汽车。管理者一看清单，发现还缺一个配件，怎么办？从库房调货吗？不，"即时生产"的流水线是不备库存的。丰田会通知配件供应商："请于今天下午 2：30 把这个配件送到流水线厂房门口。"下午 2：30，配件果然准时送到，流水线马上开始装配。这就是"即时生产"。

"即时生产"大幅度降低了丰田的生产成本，是丰田获得巨大成功的重要原因。

但是，这看似极致的效率背后，有着同样极致的"脆性"。万一供应商也没有库存呢？万一车在路上抛锚了呢？

你或许会说："那不可能，我们的供应商都非常专业。"是的，在岁月静好的时候，这的确不可能，可一旦遇到真正的意外，那就不一定了。

2020 年 5 月，丰田宣布它在日本的多家工厂停产。因为全球新冠疫情导致配件缺货，再专业的供应商也无法"准时"把配件送到流水线厂房门口了。而哪怕只缺一个配件，也会导致汽车无法生产。就这样，丰田的"即时生产"变成了"随时停工"。

怎么办？

丰田的对策是：开始囤积汽车配件，用库存来增加弹性，然后用弹性化解意外。虽然这增加了成本，但丰田必须这样做。

是的，弹性是有成本的，但是"猝死"的代价更大。

你可以把全部的钱都花在汽车发动机的研发上，以获得令人惊叹的速度，但我还是建议你稍微留点钱，给汽车配个安全气囊，因为弹性可以化解意外。

那么，弹性到底是怎么化解意外的呢？

一家企业用弹性化解意外的过程有三个步骤：先"救命"，再"治病"，然后"养生"。

一个人突然摔倒在地上，血流不止，你看到这种情况应该怎么办？立刻拨打 120 把他送进医院，确保他能活下去，这是"救命"；然后，医院开始寻找真正的病因，对症下药，使他逐渐好起来，这是"治病"；而"养生"，就是这个人在出院后痛定思痛，从此改变生活习惯，让自己变得更健康。

遇到意外，应该先"救命"，再"治病"，然后"养生"。

很多年前，上海有一栋 28 层的公寓发生了火灾。这是一个重大的意外，很多人因此丧命。这让我开始思考：如果是我遇到了这样的意外，如何才能救自己的命？想来想去，我买了一个缓降器。遇到火灾的时候，我可以把这个缓降器的一头挂在墙上，把另一头的安全绳系在身上，然后纵身一跃。我家住在 18 楼，如果缓降器的说明书没骗我的话，我会缓缓地降落到一楼。这时，安全绳的另一头又升到了 18 楼，另一个人又可以像我一样纵身一跃。如此往复。

这个缓降器我买了很久，但从来没有用到过。不过我知道，如果真的遇到意外，这个缓降器能救命。

有一次我去昆山出差，和一位企业家聊起了这件事，他对我说："润总，我们想到一块儿去了。"我说："啊？你也买了一个缓降器？"他笑了笑，说："不，我买了个热气球。"

新东方账户上的 200 亿元，就是它的"缓降器"，就是它的"热气球"。这 200 亿元所带来的财务弹性是巨大的，可能一辈子都用不上，但是，如果真的遇到意外，这 200 亿元能"救命"。

遇到意外

应该先救命，再治病，

然后养生

你能好
一定是因为很多人希望你好

如果你是企业主，是管理者，我建议你一定要像新东方一样保持财务弹性，降低杠杆，留足现金，哪怕少赚钱。要牢记：安全第一，活下去才有继续战斗的机会。

2020 年 6 月 8 日，我带领"问道中国"的企业家一起参访了百胜中国。百胜中国是中国最大的餐饮集团，旗下有肯德基、必胜客、小肥羊等多家知名连锁餐饮企业。

在百胜中国的总部，我和 CEO 屈翠容面对面深聊了一次。她当时说的很多话都让我印象深刻，其中有一句话我到现在都记得："我们是做实业的，现金为王。有时候，现金比什么都靠谱。"

她在 2020 年新冠疫情暴发时就算过一笔账，即便公司完全没有收入了，现金流也能支撑给员工发 1 年的工资。强大的现金流给了她底气，所以她心里不慌。也正是因为不慌，她才能做出很多正确的经营决策，才能带领这个庞大的餐饮帝国不断向前。

如果你的现金流不充裕，如何在短期内快速获得现金流呢？

第一种办法是寻求股东的帮助。请股东追加投资，或者向股东借款。

第二种办法是尽快卖出存货，换成现金。比如，你的餐厅囤了大量的新鲜食材，刚好你发现周围的居民都买不到菜，这时你可以和美团、饿了么等外卖平台合作，把食材卖了换成现金。为了尽快卖掉存货，宁可少赚一点，打折出售，因为这时候"保命"最重要。

第三种办法是延期支付应付款项。比如，你可以和房东商量一下能不能延期支付房租。同时，你还可以密切留意政府出台的相关政策，如果有延期缴纳税款、减免中小企业房租等政策，一定要把握住。

第四种办法是酌情减少固定成本，比如削减广告营销费用、培训费用等。

用弹性化解意外，需要先"救命"。而现金流就是公司的命，因此，保持财务弹性是让公司活下去的一项很重要的措施。

我突然想起我的父母，我每次给他们钱，他们都不用。为什么？因为他们总担心我有一天会破产。如果真的有那么一天，他们会从床底下拿出这些钱，对我说："拿去，东山再起。"这些钱，就是他们为我准备的力所能及的"财务弹性"。

全域经营，在逆境中保持业务弹性

"救命"之后又该怎么做呢？"治病"，好起来。

如何好起来？分散业务风险，增强业务弹性，防止再次猝死。

2012年12月，在CCTV中国经济年度人物颁奖典礼上，王健林说阿里巴巴很厉害，但他不认为电商一出来，传统零售渠道就一定会死。

阿里巴巴创始人回应说，电商是不可能完全取代传统零售行业的，但它会基本取代传统零售行业。

王健林反击道："2022年，也就是10年后，如果电商在整个中国大零售市场占到50%的份额，我就给他1亿元。如果没到，他给我1亿元。"

这就是轰动一时的"亿元赌局"。

时光飞逝，10年仿佛就是一瞬间。你觉得会是王健林赢呢，还是阿里巴巴创始人赢呢？

本着看热闹不嫌事大的心态，我放下手中繁重的工作，查了一下数据。国家统计局数据显示，2012年电商的交易规模占中国社会消费品零售总额的6.23%。2013年，这一比例扩大到了8.04%。2014年，突破了10%，达到10.60%；2019年，突破了25%，达到25.07%；2021年则达到29.70%。这个变化趋势如图2-1所示。

如果市场没有发生逆天的变化，那么2022年电商的交易规模占中国社会消费品零售总额的比例达到50%应该是机会不大了。那么，这是不是说王健林就赢了呢？

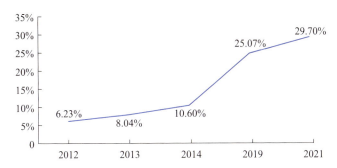

图 2-1　电商交易规模占中国社会消费品零售总额比例变化图

也不一定。因为 10 年之后的 2022 年，人们突然发现，再也分不清楚线上和线下了。

比如，你觉得瑞幸咖啡是一家线上公司还是一家线下公司？

你可能会说："当然是线上的，因为它家是用手机下单的。"

没错。可是，我是站在它家门店里问咖啡师"你推荐什么"，他说"海盐芝士厚乳拿铁"后，才打开手机准备下单的。

你犹豫了："那这样应该算线下吧。"

没错。可是，我刚要下单，发现排在我前面的一个人点了 50 多杯咖啡，于是，我把订单改成了"外送"，然后回到办公室等着外卖员把咖啡送上门。请问，这是线上还是线下？

你马上回答："外卖啊，这应该算线上吧。"

你看，你可能再也分不清楚线上和线下了。

在这种情况下，再继续纠结于是线上还是线下已经毫无意义了，你要做到的是以消费者为中心，全域经营，这样才能增强企业的业务弹性，就算是天塌下来，都有一摊生意能够赚钱。正如瑞幸咖啡的首席增长官杨飞所说："线上线下，从来都不是关键。用户在哪里出现，我们就应该去哪里，这才是关键。"

全域经营就是线上线下贯通、公域私域贯通的经营，它使你既能在线下触达用户，也能在线上触达用户；既能在公域触达用户，也能在私域触达用户。

为什么要做全域经营？要回答这个问题，你需要理解两个非常重要的商业模型——浴缸模型和飞轮模型。

假设有一个浴缸，打开浴缸上方的水龙头往里面放水，同时打开浴缸底部的排水阀排水，如果流入的速度比流出的速度快，浴缸里的水量就会变多，因为流入量大于流出量。这就是浴缸模型，如图 2-2 所示。

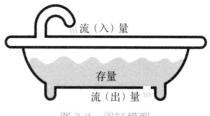

图 2-2　浴缸模型

如果有一天流入的速度变慢了，流入量比流出量少了呢？或者说，换成互联网语言——你购买流量的成本变高了呢？

比如，老王有一款成本为 50 元、售价为 200 元的产品，"流入"速度快也就是流量成本低的时候，他只花 30 元就可以获得一个客户，那么每售出一个产品他就能赚 120 元（200-50-30=120 元）。老王很开心。

可后来大家看到这款产品这么赚钱，纷纷卖同样的产品，慢慢地，流量成本就提高了，老王可能就需要花 130 元甚至 150 元才能获得一个客户了。这时，老王非常痛苦，他开始思考一个问题：为什么之前他没有把触达的客户积累到私域里？

如果在触达一个客户的成本是 30 元的时候，老王让客户在购买产品的同时加自己的企业微信——这样做当然是有成本的，我们假设分摊到一个客户的成本是 20 元，那么，老王就从每售出一个产品赚 120 元变成了赚 100 元（200-50-30-20=100 元），但同时获得了一个私域用户。随着积累的私域用户越来越多，即使获取公域流量的成本变得越来越高，老王仍然可以赚钱，因为私域是可以重复、免费触达的。而且，正因为私域可以重复、免费触达，在私域里的产品售价可以更便宜，比如在公域里卖 200 元的产品，在私域里即使卖 160 元，老王仍然能赚 110 元（160-50=110 元）。

因为在私域里能得到实惠，所以就会有更多的人想要加入老王的私域。这就是飞轮模型，如图 2-3 所示。

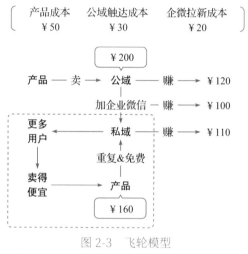

图 2-3　飞轮模型

绘图：华十二。

很多人都听说过亚马逊的飞轮模型，它指的是当消费者能够买到很便宜的东西时，他们就会自然而然地买更多；当他们购买更多的东西时，企业就有了更大的采购量，因此可以用更便宜的价格进行采购；这样一来，商品的售价也会更便宜……价格更便宜，量就更大，量更大，价格就更便宜，彼此推动，像一个飞轮一样一直往前滚动。

在过去的两年里，我不断地和很多企业分享经营私域的重要性——掌握了私域就相当于掌握了一份资产。

资产是可以给你带来持续现金流的东西，比如你拥有一套房子，你可以把它租出去，从而获得租金。而如果你拥有一个私域用户群，这个群就可以以几乎 0 成本的方式不断地为你带来复购，从而让你持续不断地获得现金流。私域和房子一样，都是你的资产。你不断推动这个飞轮，你的资产（私域）就会越推越丰厚。

所以，我建议每一位创业者都要做全域经营，要从浴缸模型走向飞轮模型，这才是可持续的发展模式。

那么，我们该如何做好全域经营呢？

我认为，作为全域经营的基石，私域在未来可能会加上很多新科技、新工具，在这里，我给大家列举两种可能。

第一种可能是"私域＋数字化"。

我们还是以瑞幸咖啡为例。两年前，瑞幸咖啡遭遇了巨大的危机，但 2022 年 5 月瑞幸咖啡发布的 2022 年一季报显示，一季度瑞幸咖啡实现收入 24 亿元，同比增长 89.5%，并实现成立以来首次整体盈利。这充分说明，瑞幸咖啡已经度过了危机。

瑞幸咖啡是怎么做到的？背后的原因有很多，但其中非常重要的一条是向数字化要生产力。

杨飞给我讲了一个故事。瑞幸咖啡有很多用户习惯在上班的路上买一杯咖啡，但是，他们结合气象监测数据发现，一到下雨天，用户可能就不进店了，怎么办？瑞幸咖啡会通过企业微信给用户发一张"雨天优惠券",告诉用户:"雨天小心意,暖暖喝一杯。你的城市下雨,我就送过去。"这样一来,即使下雨,用户也愿意叫一杯瑞幸咖啡外卖。

这就是"私域 + 数字化"的力量。

第二种可能是"私域 + 直播"。

2022 年,最热门的商业模式可能是直播电商,所以,我花了很多时间参观、访问、调研这个行业的头部企业。

2022 年 7 月 30 日,我去了一趟新东方的东方甄选直播间。我和董宇辉、俞敏洪老师三个人一起,用了差不多半个小时的时间卖了 5.2 万本书。

5.2 万本!你知道这意味着什么吗?

如果是在线下书店,即使店员向每一个进店的顾客都极力推荐同一本书,说得眉飞色舞、声情并茂、唾沫横飞,可能一天也只能卖出去 100 本。想要卖出 5.2 万本书,意味着这家书店需要有 520 个这样的店员,这是一笔多么巨大的成本!但是,这在直播间里只需要 3 个人、半个小时就能做到。这中间节省下来的人力成本、时间成本,都源于直播带来的规模效应。

感谢东方甄选,让我深刻体会到直播带货这种商业模式带来的震撼。

除了去东方甄选直播间,我还带队去了交个朋友直播间，它的联合创始人黄贺和我分享了两组数据。

第一组数据是关于直播规模的。国家统计局公布的数据显示，2021 年，中国电商总规模达到了 13.1 万亿元，同比增长 14.1%；而中国直播电商的规模达到了 2.36 万亿元，同比增长 83.35%，增速远比其他电商快。直播电商规模在电商总规模中的占比已经达到 17.97%，发展极为迅速。

第二组数据是关于流量来源的，如图 2-4 所示。

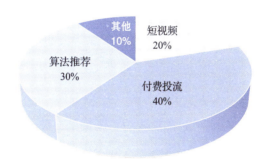

图 2-4　流量来源

黄贺说，大约 20% 的用户是看了短视频之后点击进入电商直播间的；大约 30% 的用户来自平台的算法推荐，这对直播间来说是免费的自然流量；而比例最大的约 40% 的用户来自付费投流。

这两组数据放在一起看很有意思，一边是大量从业者疯狂地涌入直播电商行业，直播电商规模同比增长 83.35%；而另一边，付费投流是流量的最大来源。也就是说，在进入电商直播间的 100 个人中，有 40 个人是花钱买来的。

我们都知道，供需关系决定商品价格。当直播间的数量爆发式地增长，而观看直播的人数无法同步增长的时候，流量的价格一定会越来越贵。

那怎么办？做私域直播。

2022 年 9 月，我们在视频号里开启了一项私域直播的实验——润米优选。这项实验的基本逻辑是暂时完全不从公域购买流量，只借助公众号、视频号这些私域工具来触达用户，并把购买流量的钱以优惠、赠品等各种方式补贴给用户，看看这种方式是否可行。截至 2022 年 10 月 30 日，润米优选总共做了四场直播，积累了一些数据。

直播电商有两个非常重要的基本模型：停留模型和成交模型。停留模型是看用户是否喜欢直播间，只有喜欢才会停留。停留模型的重要指标是停留时长。成交模型是看用户是否信任直播间，只有信任才会购买。成交模型的重要指标是 UV（Unique Visitor，独立访客）价值。UV 价值就是人均消费。如果有 100 个人进入直播间，最终买了 300 元的东西，那么 UV 价值就是 3 元。

接下来，我们来看一下私域直播的实验数据。

首先看停留时长。公域直播间的平均停留时长一般在 1 分钟左右，来了就走，是纯粹的买卖关系。而润米优选私域直播的实验结果是平均停留时长为 12.42 分钟。私域的用户可能因为喜欢而更愿意停留。如图 2-5 所示。

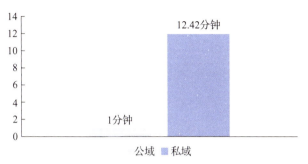

图 2-5　公域与私域停留时长比较

再看 UV 价值。2022 年 9 月，公域排名前十的直播间的平均 UV 价值大约是 3.84 元[一]，而润米优选私域直播的实验结果是 16.62 元。私域的用户可能因为信任更敢于消费。如图 2-4 所示。

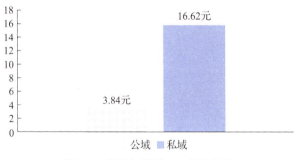

图 2-6　公域与私域 UV 价值比较

───────────

　　⊖　参见 https://news.pedaily.cn/202210/502080.shtml。

公域直播很重要，但是我希望通过这组数据告诉大家，私域直播同样重要。在公域，用钱购买流量；在私域，用心经营信任。未来，私域直播可能会成为越来越多品牌的标配。

当然，我们的实验数据量还很小，不能说明太多问题。但是，我们的实验会继续进行，持续的复盘报告也会每周发布在润米优选的公众号上。

所以，要想"治病"，要想增强业务弹性，我们必须把握住全域经营的确定性。

增强团队弹性的关键是高效连接

先"救命"，再"治病"，然后就要"养生"了。对企业来说，"养生"就是增强团队弹性，让公司充满弹性。

请问：如果你有一个20多人的创业团队，你会选择把办公室设在哪里？是中国的北京、上海、深圳、杭州、成都、大理、乌鲁木齐，还是美国的威廉斯堡？

面对这么多选择，你一定会感到头疼，但"日谈公园"的COO（首席运营官）乐乐给出了一个不一样的答案：都设。这个非常年轻却也非常知名的播客团队一共有20多名员工，分布在8个城市。其中，10人在北京、5人在大理、

2 人在上海、1 人在深圳、1 人在成都、1 人在乌鲁木齐、1 人在杭州，还有 1 人在美国威廉斯堡。

日谈公园是一档非常热门的脱口秀播客节目，曾经连续 5 年被评为苹果最佳播客电台，单期最高播放量超过 1000 万，总播放量超过 10 亿。这离不开团队的共同努力，不过，一个 20 多人的团队为什么要分散在 8 个地方呢？

乐乐说，一开始，大家是因为新冠疫情而居家办公。后来，居家办公久了，就都不想去办公室了。有的同事把家搬到了大理，还有的实习生去美国边读书边工作。后来，他们就干脆放飞了，招人也不限城市了，深圳、上海、成都……哪里都行，因为有了企业微信，有了移动互联网，在哪里都能高效协同。

比如，日谈公园策划了一个全新的综艺栏目，需要安排一个叫陈飞的员工去邀请嘉宾，但陈飞没参加策划会，怎么办？这时，负责人就可以在企业微信的"文档"里设置一个待办事项，叫"邀请嘉宾"，然后"@陈飞"。你根本不需要问他是在大理还是在乌鲁木齐，一旦被"@"，协同就开始了。

很快，综艺节目录好了，但音频剪辑效果不太令人满意，怎么办？乐乐会马上拉着在成都的策划人员、在上海的新媒体人员以及在深圳的文案人员召开视频会议。大家在哪里不重要，只要有网络能参加视频会议就行。通过视频会议，所有人共享屏幕，现场商量怎么剪辑。会议开完，音频也就剪辑完成了。

节目终于制作好了，如果计划周一上午发布，那么所有相关人员都要提前准备好。可万一有人忘了，怎么办？那就建一个"公共日历"。在节目发布前，它会用"弹窗"的方式来提醒所有人，不管是在中国还是在美国，相互之间有几个小时的时差，都能实现协同。

日谈公园的团队就这样一起工作了好几年。如果不是因为团建，很多人甚至在线下"素未谋面"。但这个"素未谋面"的团队却有着超强的战斗力。

这真是一个年轻而优秀的团队。没有人永远年轻，但永远有人年轻。你不得不佩服年轻人的战斗力、年轻人的弹性。

所以，如何"养生"？如何增强团队弹性？

企业微信的朋友对我说：增强团队弹性的关键，是保持成员之间的高效连接。只要连接在，协同在，弹性就在，战斗力就在。

我祝愿你，不管遇到什么样的意外，都能因为有弹性而活下去，好起来，更健康。

回到新东方的话题。

从 2021 年 12 月 15 日到 2022 年 6 月 16 日，在默默耕耘了半年之后，东方甄选直播间作为新东方转型的重要项目，终于随着董宇辉的一条短视频而火爆全网。凭借着超强的带货能力，东方甄选直播间迅速冲到了行业头部。而新东方在线的市值也因此暴涨了约 200 亿元。

你不觉得很有意思吗？

跌落时，俞敏洪发工资、退学费，花了 200 亿元。反弹时，新东方在线的市值涨了约 200 亿元。一跌一涨，一落一起，这就是"弹性"。

就像我在一篇文章里说的：你能好，一定是因为很多人希望你好。祝福触底反弹的新东方，也祝福正在看这本书的你拥有像新东方那样的弹性，用弹性化解意外。

第 3 章

穿越周期

看淡"生死"，理解"周期"

意外靠弹性化解，那么，周期靠什么穿越呢？

前段时间，我和儿子在公园里散步，我们一边慢悠悠地溜达着，一边聊天。这时，迎面走来一个邻居，她牵着一只很可爱的小狗，也在散步。我很礼貌地对她说："你家的狗很可爱啊。"

她听了很高兴，然后对我说："你家儿子也很可爱啊。"

我夸她家的狗可爱，她夸我家的儿子可爱，我觉得她在骂人，但是我没有证据。但我想，她之所以这么说，或许是因为那条狗在她心中就像自己的儿子一样重要吧。

这是一件小事，却给我留下了很深的印象。

后来，爱宠游的联合创始人夏谓颖对我说："润总，现在有很多人是真的把宠物当孩子的。"

爱宠游，顾名思义，就是爱宠出去旅游，是"世界这么大，爱宠想去看看"。爱宠游这个服务平台是专门为宠物出游提供一站式服务的，这让我很惊讶，一个这么小众的市场竟然也蕴藏着巨大的商机？夏谓颖给我讲了几个故事，我才理解了这个平台存在的意义。

爱宠游有个客户养了三只流浪狗，她很喜欢它们，养着养着，感情越来越深。有一天，她产生了一个想法：带它们去旅游，带它们到更远的地方玩玩。但她一个人带不了三只狗，于是，第一次旅游她只带了其中一只。这只狗玩得非常开心，可是，它越开心，她对另外两只狗就越愧疚。后来，她咬咬牙，分两次把另外两只狗也带出去旅游了。

还有两位客户养了两只泰迪，它们又生了两只泰迪。年龄最大的那只泰迪已经 14 岁了，可能过不了多久就没能力再出去玩了。所以，他们就想把这"一家狗"带出去旅游，让它们享受天伦之乐。但是，两个人照顾不了四只狗，于是，他们又出钱帮两位同事报了团，让他们帮忙一起照顾。

还有一位客户养了一只德国牧羊犬，想参加爱宠游的海岛游项目。这只德国牧羊犬已经年龄很大了，爱宠游不敢让它参团，但是这位客户很坚持，他说就是因为它年龄很大，才想带它去看最后一次海，让它晒晒太阳，在沙滩上跑一跑，这样的机会也许以后再也不会有了。果然，在海岛游结束后返程的路上，这只德国牧羊犬安详地走了。

听完这三个故事，我的脑海里只有一句话：最高级的主人，是以宠物的形象出现的。

我问夏谙颖："做宠物旅游赚钱吗？"他说："还行，反正比做人的旅游赚钱。"

近几年宠物行业很火，宠物旅游、宠物健身、宠物减肥、宠物殡葬……各种和宠物有关的项目越来越火，为什么？

因为宠物行业能穿越周期。

关于这一点，有几张图可以供我们参考。

第一张图是 2002 ～ 2020 年美国 GDP 增速和美国宠物产业增速的对比图，如图 3-1 所示。

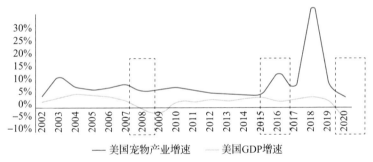

图 3-1　2002 ～ 2020 年美国 GDP 增速和美国宠物产业增速对比

资料来源：美国宠物用品协会（APPA）、美国人口调查局（US Census Bureau）以及兴隆证券经济与金融研究院。

从图 3-1 中我们可以看出，美国 GDP 增速在 2008 年和 2016 年分别有两次比较明显的下滑。但是，根据美国宠物用品协会（APPA）的数据，在这两个时期，美国宠物经济却呈现逆势增长的态势。而在 2020 年，由于新冠疫情的影响，美国经济遭受了沉重的打击，GDP 增速为 -3.4%，但是宠物经济的增速依然在 5% 左右。

美国劳工统计局的数据也证实了宠物行业能穿越周期这一观点。在美国经济表现不佳的 2010 年，住房消费下降了 2%，食品消费下降了 3.8%，娱乐消费下降了 7%，而宠物消费却增长了 6.2%。

我国外卖平台的数据同样为这一观点提供了佐证。

根据饿了么发布的《2020 宠物外卖报告》，2020 年，宠物外卖这一新兴消费市场呈现日益升温趋势，饿了么平台上的宠物外卖订单增长了 135%，并且宠物外卖订单客单价格高达 125 元，这一数据远远高于餐饮外卖的客单价格。美团也公布了外卖平台购买宠物用品的相关数据：2020 年上半年，美团闪购宠物品类的商品销售总金额同比增长了 3.5 倍。[○]

看起来，大环境越是不好，宠物经济就越好。这是为什么呢？

对于这一现象，很多人都有自己的看法。有人说："可

○ 陶力. 美团"无边界"式扩张：进军美妆和宠物业 抢食电商巨头？[EB/OL].（2020-09-29）. https://baijiahao.baidu.com/s?id=1679098613461664332.

能是因为越是在周期的谷底，人们的压力就越大；人们的压力越大，宠物提供的陪伴价值就越重要。"还有人说："可能是因为养孩子的决策太沉重，而养宠物是养孩子的低成本平替。宠物萌化了的样子太像孩子了。你获得了纯享版的快乐，却不需要给宠物买学区房。"这些说法都有道理。

但我想，这背后一定有一个基于周期的规律。

那么，什么是周期呢？

不出差的时候，我会和公司的小伙伴们一起吃"办公室午餐"。因为平常很忙，和他们交流比较少，所以我很珍惜这一小段来之不易的时光。有一次，公司里有几位年轻的朋友问了我一个特别重要的问题：如何看待"生死"？

我告诉他们，理解"生死"是人生的一门必修课。对大多数人而言，他们欣喜"生"的萌芽、开花和结果，却害怕"死"的枯萎、凋零和败落。他们期待烟花绽放时的璀璨，却又不愿面对烟花消逝后的凄清。所以，他们常常无法接受人的老去、企业的衰败。这也是为什么人总想着要长生不老，企业总想着要基业长青。

这种对"生"的执念，还有另一个名字——"永恒"。正因为如此，我们才会说"海枯石烂""山无棱，天地合，乃敢与君绝""钻石恒久远，一颗永流传"。

但是，世界的另一番样貌却是"沧海桑田""斗转星移""三十年河东，三十年河西"。

世界不仅有"生"，还会有"死"，生生死死，生死不息。

"生死"在商业世界里的另一个名字，就是"周期"。

周期其实没有那么复杂，就是周而复始。比如，春天，草长莺飞；夏天，姹紫嫣红；秋天，橙黄橘绿；冬天，林寒涧肃……这是季节更替的周期。同样，昼夜轮回是周期，阴晴圆缺也是周期。周而复始，是周期最大的特点。

在商业世界中，周期也无处不在，比如经济周期。

经济周期也是一种客观规律。一个完整的经济周期包括 4 个阶段：繁荣期、衰退期、萧条期、复苏期，如图 3-2 所示。

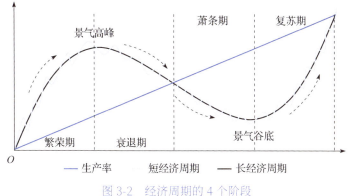

图 3-2 经济周期的 4 个阶段

繁荣期，简单来说就是大家对经济很有信心，因为很有信心，所以敢借贷、敢投资。大家都觉得以后能造出更多东西，觉得资产价格还能再涨，甚至觉得每年都能增长20%，但是，这些信心可能是非理性的，借钱带来的债务增长速度有可能超过了生产率的增长速度，也就是说，创造的财富可能不够还清债务。所以，有一个词叫作"非理性繁荣"。

繁荣期之后是衰退期，在这一阶段，人们会慢慢发现，资产价格原来有泡沫，已经远远超出其真实价值，信心也随之变弱。很多人开始抛售资产，想办法消灭债务，资产价格也随之下跌。但是尽管如此，债务的增长速度还是比生产率的增长速度要快，人们没有能力还清债务，于是，资产价格只能继续下跌。

衰退期之后，经济会进入萧条期。在这一阶段，大家越来越害怕，资产价格仍在不断下跌，甚至跌破了真实价值。这时，债务其实已经被消灭了很多，以人们创造财富的水平已经有能力将剩余的债务还清，并且有能力继续借贷，继续发展。但是，在萧条期，人们已经失去了信心，没有人敢这么做。

当经济从繁荣的高峰跌入萧条的谷底后，又会进入复苏期。在复苏期，人们的信心逐渐恢复，开始看到希望，又重新敢借钱，敢建厂，敢消费，敢投资了。于是，经济重新开始增长，直到冲过一个平衡点，又来到繁荣期。

从繁荣到衰退，到萧条，再到复苏，是一个完整的经济周期，循环往复，生生不息。

明白"生死"，理解"周期"，意味着什么？

我想，这意味着可以少一些恐惧，多一些豁达；少一些惶恐，多一些淡定。

时常有人和我说，喜欢的某款产品没有了，欣赏的那家公司倒闭了，他感到非常难过，不知道怎么面对。

说实话，其实这都是非常正常的事情。作为一名商业顾问，来找我的企业大多是要"治病"甚至"救命"的，我早已见惯了生死。前些年，搞微博、团购、网盘的公司很多，最后死了一大片，只剩下现在我们知道的几家。就连谷歌这样的大公司，也放弃过上百种产品。所以，生死真的很正常。

有时，还有人和我说，当经济遇到挑战时，他特别害怕，不知道该怎么应对。

我说，你真的不知道怎么应对吗？你知道要关注现金流，要砍掉不赚钱的长尾业务，要收缩投资，要重视客户……这些你都知道。你真正不知道的或者害怕的，是你还不理解的"经济周期"，你觉得它会毁天灭地。

如果你真的理解周期，你就会知道周期一定会来，也一定会走。你不会因为春天轻易欢呼雀跃，也不会因为冬天过分黯然神伤。

真的理解了"周期"，你就会看淡生死，只是默默经历四季，穿越周期，不再害怕了。

所谓逆势增长，皆是顺应周期

商业世界还有很多周期，接下来，我们来一起重新理解三个非常重要的商业周期——库存周期、投资周期和技术周期，并向那些正在穿越周期的"达尔文雀"们认真学习穿越之道。

我们先从库存周期开始。

我们在第 1 章讲到的"猪周期"，它就是一个典型的库存周期。

说它是库存周期，是因为当猪肉供大于求时，库存就会增加，甚至导致滞销；当猪肉供小于求时，库存就会减少，甚至导致缺货。供需的此消彼长导致了库存的此起彼伏。这是库存周期的典型特征。

最早发现这种周期现象的是英国统计学家约瑟夫·基钦（Joseph Kitchin）。基钦在对 1890 ～ 1922 年间英国和美国的利率、物价、生产和就业数据进行研究分析后，认为每隔 40 个月经济发展就会出现一次有规律的上下波动，并于 1923 年发表论文《经济因素的周期和趋势》。因此，库存周期也被称为"基钦周期"。

所以，有时候你的东西卖不出去，不是因为销售人员不努力，而是因为遭遇了库存周期的低谷。在这个低谷里，供给大于需求。

不过，这种由统计学家"归纳"出来的规律并没有被所有人认同。甚至有不少经济学家并不认同库存周期的存在，他们觉得这些变化是随机的。

但是，经济学家罗伯特·默顿·索洛（Robert Merton Solow）却说："到现在为止，我们还没有完全搞明白长颈鹿是怎么把血液输送到那么高的脑袋里的，但你不能因为没搞明白，就不承认长颈鹿有个长脖子。"

假设"库存周期"确实存在，而此刻我们正遭遇这个周期的低谷，怎么办？

我们应该顺应周期，帮人去库存。

好食期的创始人雷勇就是这么做的。

不知道你有没有发现，如果你去超市买预包装食品，很难买到快过期的。这是因为卖过期食品是违法的，会受到严重的处罚。于是，很多超市为了不踩红线，会设置一个"允入期"，只允许剩余保质期大于 2/3 的食品进超市。也就是说，保质期12个月的食品如果出厂超过4个月，超市就不收了。

但是，那些超过允入期的食品也要销售啊，还有那些超市没卖完的食品，该怎么处理呢？它们通常会进入特卖渠道。但如果通过特卖渠道还是卖不完，又该怎么办呢？在这种情况下，这些食品就变成了损耗。

雷勇说，中国食品行业的损耗率能控制在1%就已经很好了。这个数值听上去不高，但是，考虑到食品行业的平均利润率本身并不高，而且食品行业通常销售额巨大，所以，1%的损耗已经很大了。

怎么才能降低这个损耗呢？

雷勇在一家咖啡馆得到了启发。有一天晚上，这家咖啡馆快要打烊的时候，雷勇看到一位工作人员把冰柜里的三明治拿出来，直接扔进了垃圾桶里，觉得这实在是太浪费了，便和工作人员聊了几句。那位工作人员解释道，他们只卖当天的三明治，当天卖不完的就要扔掉，这是他们对客户的承诺。

雷勇对她说："对客户信守承诺很好，但把好好的食物扔掉确实太可惜了。要不你便宜一点，我把它们买走。"

那位工作人员回答说："你要买，可以，但只能按原价买，不能打折。"

雷勇很纳闷:"这些三明治你都要扔掉了,为什么不能便宜一点卖?"

工作人员摇摇头说:"系统里只能按原价卖。你要不买的话,我就只能扔掉了。"

这件事一下子击中了雷勇。他想:三明治的价值是随着保质期的缩短而匀速下降的。虽然它们在冰柜里可以存储三天,但是它们的价格却在第一天结束的时候瞬间从 100% 跌到了 0。这种由于价格和价值不对应而造成的浪费,恰恰就是商家的潜在利润空间,如图 3-3 所示。

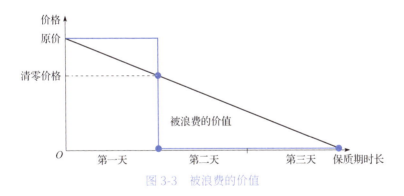

图 3-3　被浪费的价值

这时,他突然有了一个想法:"如果我用'倒计时'的定价策略,不断打折卖,那这些价值不就不会被浪费掉了吗?"

雷勇是个说干就干的人,他迅速搭建了一套数字化系统,把每一件商品的保质期透明化。注意,不是每一个"批次"的商品,而是每一件商品,是每一"瓶"水、每一

"盒"饼干、每一"桶"方便面等。如果系统里一瓶水的生产日期是 9 月 7 日，而顾客拿到手却发现实际生产日期是 9 月 8 日，那么这瓶水就不会收费。

然后，他用倒计时的方式对这些商品进行定价。比如，如果这瓶水的保质期还剩余 60%，售卖价格就打 6 折。过了一段时间，保质期只剩 50% 了，售卖价格就自动调整为 5 折，依次类推，如图 3-4 所示。

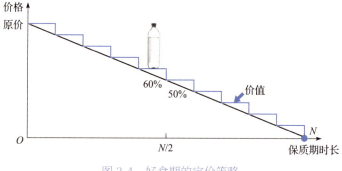

图 3-4 好食期的定价策略

好食期从来不卖刚生产出来的食品，因为这些食品可在很多渠道进行销售。它只卖保质期过了 1/3 的食品，就算是 1 折卖出，也比损耗有价值。但实际运行下来，大部分食品在打 6 折的时候就能卖得差不多，到了打 4 折时，基本全部卖光。

好食期卖的是"临期食品"，但雷勇认为，他们其实不是在卖临期食品，而是不让食品"成为"临期食品。

　　中国预包装食品业有 6 万亿元的规模，每年销毁千亿元的库存。越是在库存周期的低谷，销毁的食品越多。帮助食品行业去库存，是一个逆势增长的好生意。

　　那么，做临期食品生意"逆"周期了吗？没有。在夏天的时候卖冰棍，是顺应周期；在冬天的时候卖棉袄，也是顺应周期。其实，从来没有什么"逆"周期。所谓逆势增长，皆是顺应周期。

所有伟大的企业都是"冬天"的孩子

　　第二个你应该了解的周期叫"投资周期"。

　　我们来看 1976 ～ 2018 年全球 GDP 增速变化图，如图 3-5 所示。

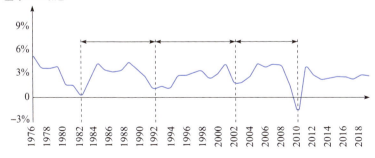

图 3-5　1976 ～ 2018 年全球 GDP 增速变化图

资料来源：Wind 和国泰君安证券。

图 3-5 描绘的是全球 GDP 这 40 多年来的增速变化，从中你可以看到，全球 GDP 的增速变化也存在明显的周期。

为什么会出现这种现象？

法国经济学家克里门特·朱格拉（Clèment Juglar）对这种现象做出了解释。当经济形势非常好的时候，所有人都对未来充满了信心。这时候，人们拼命购入资产，比如债券、股票、房地产等，每个人都觉得自己赚到了钱，而且大家都乐观地相信，这些资产的价格只会越来越高。没有人看到泡沫的存在。直到有一天，泡沫破裂，资产价格开始下跌。这就是著名的"明斯基时刻"⊖，如图 3-6 所示。价格下跌导致恐慌性抛售，恐慌性抛售进一步导致价格下跌，于是，人们越来越悲观，继续抛售，价格也因此继续下跌，如此恶性循环，最终导致经济彻底崩盘。

这就是投资周期。投资周期是由情绪的乐悲交替导致的投资的涨跌轮回。没有泡沫，就没有破灭；没有繁荣，就没有萧条。

⊖ 明斯基时刻（Minsky Moment）是指美国经济学家海曼·明斯基（Hyman Minsky）所描述的时刻，即资产价格崩溃的时刻。经济好的时候，投资者倾向于承担更多风险，随着经济向好的时间不断推移，投资者承受的风险越来越大，直到超过收支平衡点而崩溃。这种投机性资产的损失促使放贷人尽快收回借出去的款项，"就像引导到资产价格崩溃的时刻"。

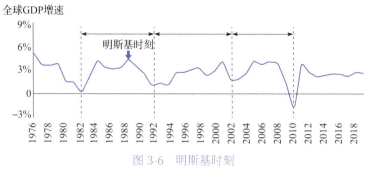

图 3-6　明斯基时刻

资料来源：Wind 和国泰君安证券。

朱格拉说："萧条的唯一原因，就是繁荣。"著名经济学家欧文·费雪（Irving Fisher）对这句话进行了补充，他说："萧条的唯一原因，是建立在债务之上的繁荣。"

投资周期，必然有起有落。那么，当悲观情绪主导市场，投资周期进入低谷时，我们该怎么办？

我们应该顺应周期，帮人省钱。

魏颖是多抓鱼的创始人。"多抓鱼"来源于法语单词"Déjà vu"，意思是"似曾相识"。魏颖把它作为自己创业网站的名字，正是为了引用这个词义。和什么"似曾相识"？和一本有缘的书。更确切地说，是一本有缘的二手书。

你可能不知道，很多新书书店是 5 折进货、7 折销售，赚的是其中 2 折的毛利。但是，日本有一家叫"BOOK·OFF"的二手书店用 1 折的价格收来二手书，然后对这些二手书进行翻新、消毒、重新包装，最后以 5 折销售，反而获得了 4 折的毛利。

BOOK·OFF 的这个"顺应周期，帮人省钱"的模式启发了魏颖，她由此创立了多抓鱼。没想到，二手书在中国卖得很好，没过多久，多抓鱼就获得了多轮投资。多抓鱼的第一家线下店甚至开在了上海的安福路，这可是上海最小资的一条路，换言之，在这里开店很贵，就连新书书店都不敢开在这里。因为"顺应周期，帮人省钱"，多抓鱼赚了很多钱。

但是，书毕竟价格低。在投资周期的低谷，比二手书生意更赚钱的可能是二手手机生意。

举个例子，iPhone 11 Pro Max 的上市价是 10 899 元，九五成新的二手价是 5999 元。iPhone 12 的上市价是 6799元，九五成新的二手价是 5649 元。iPhone 12 Pro Max 的上市价是 10 099 元，九九成新的二手价是 7999 元。以这样的价格买一台二手手机，你觉得值吗？很多人觉得值。2022年 3 月，著名主持人华少做了一场只卖二手手机的直播。这三款手机加在一起，4 个小时共卖了 1600 多台。整场直播售卖了 34 款手机，最后一共卖了 2.87 万台，平均算下来，1 秒钟大约卖 2 台。总销售额更是令人震惊，高达 4285 多万元！

这实在是太厉害了！可是，为什么会这样呢？

市场调研机构 Canalys 发布的报告显示，2022 年一季度，全球智能手机出货量同比下降 11%，二季度下降 9%，三季度下降 9%。因为经济的不确定性，很多人减少消费支出，大家开始不太热衷于买新手机了，于是，二手手机的销量随之不断提升。

但是，手机还是价格不够高。在投资周期的低谷，比二手手机生意更赚钱的可能是二手奢侈品生意。

每当经济增速放缓的时候，大牌包包、名牌服装、高级腕表、珠宝配饰等二手奢侈品交易就会变得非常活跃。因为有很多人原来投资了一堆东西，扩大了很多生产线，现在需要收回成本，也需要还掉贷款，于是就会选择卖掉手里的一些资产，比如卖别墅、卖豪车，同时也会卖一些奢侈品，于是二手奢侈品的供给一下子就增加了。这是供给端的上升。

与此同时，虽然大环境变差，但购买奢侈品的心理需求依然存在，只是这时人们会觉得一手奢侈品的价格太高了，在这种情况下，成色稍差一些但价格低很多的二手奢侈品就显得很有吸引力。这是需求端的上升。

需求端和供给端同时上升，于是，二手奢侈品市场就出现了爆发式增长。

根据艾瑞咨询的统计，从 2017 年开始，我国二手奢侈品市场的增速就不断上升，2020 年增速高达 51.8%，2021年稍有滑落，但仍达到 41.2%。而根据国家统计局的数据，我国 GDP 增速在 2018 年是 6.6%，2019 年下降到 6.1%，2020 年因为受新冠疫情的影响而下降到 2.2%，2021 年回升到 8.1%。如图 3-7 所示。

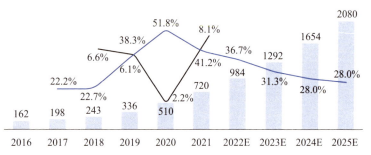

图 3-7　二手奢侈品市场增速与 GDP 增速对比

资料来源：艾瑞咨询，国家统计局。

从图 3-7 中我们可以发现：二手奢侈品市场增速与中国 GDP 增速的走势正好相反。

在投资周期的低谷，帮人省钱就是顺应周期。二手图书、二手手机、二手奢侈品都是因为顺应周期而获得逆势增长的。即便是在"冬天"，这也是行得通的。

人类历史上有古埃及、古巴比伦、古印度、古中国四大古文明，你知道这些古文明有什么共性吗？很多人会说，它们都诞生于大河流域，古埃及文明诞生于尼罗河流域，古巴比伦文明诞生于两河流域，古印度文明诞生于印度河流域，古中国文明诞生于黄河流域。这的确是它们的共性，但除此之外，它们还有一个共性：这些古文明都诞生在北纬 30°附近。

为什么？是因为那里有水吗？有水是一个重要原因，没有水就不能耕种。但是，有水不是唯一的原因，因为热带也有水，但热带却没孕育出这些伟大的古文明。

真正的原因是这些地方四季分明，有冬天。

热带是没有冬天的，而且热带的自然资源实在是太丰富了。早在 14 世纪，周达观就在他的《真腊风土记》里记录过热带生活："不著衣裳，且米粮易求，妇女易得，居室易办，器用易足。"换言之，这里要什么就有什么。也正是因为要什么就有什么，所以生活在热带的人们没有太大的生存压力。

而在北温带，冬天冰天雪地，什么都没有。如果人们不能在冬天来临之前储备足够的粮食，就很可能会饿死。所以，人们必须研究各种劳动技术，努力提高生产效率，以应对严寒的冬天。所以说，是冬天逼出了文明。

企业其实也一样，优秀的企业诞生于顺境，而所有伟大的企业都是"冬天"的孩子。没有经历过"冬天"的生命，不是伟大的生命。

商场如战场
不要让你的存量变成
你进阶的障碍

所有伟大的企业都是
"冬天"的孩子

真正推动世界发展的是技术

第三个你应该了解的周期叫"技术周期"。

什么是技术周期?

真正推动世界发展的是技术。每一次革命性的技术变革,都会带来爆发式的经济增长。当这些技术被充分使用后,经济增长就开始逐渐放缓,直到下一次革命性的技术变革出现。

在这些革命性的技术变革中,最知名的是三次工业革命。而每一次工业革命,都是"左脚"生产效率,"右脚"交易效率,永不停止。

第一次工业革命带来了蒸汽时代。我们知道,第一次工业革命的标志性事件是瓦特改良蒸汽机。蒸汽机使用的能源是煤炭,而蒸汽机的本质是驾驭煤炭这匹"烈马"的马鞍。正是因为能够驾驭煤炭这种远超人力的能源,人类的生产效率才得以大大提高。

在人力时代,人们用手摇纺车把棉花纺成线,纺线的效率可想而知有多低。到了蒸汽时代,英国人发明了可以同时纺 8 卷线的珍妮纺纱机,再用蒸汽机驱动珍妮纺纱机,生产效率由此得到了大幅度提升。

"左脚"提升了生产效率之后,接下来就是"右脚"提升交易效率了。

蒸汽机推动了铁路和印刷术的发展，铁路提升了物理世界的连接效率，印刷术提升了信息世界的连接效率。因为铁路和印刷术，远方变近了，"右脚"往前迈了一大步。

然后，世界迎来了第二次工业革命，这次工业革命将人类社会带入了电气时代。在电气时代，人们学会了驾驭一种更加"野蛮"的能源——石油。

这种在当时看来取之不尽、用之不竭的能源被一种叫"内燃机"的技术驾驭了，在各行各业像巨人一样，做着人类在人力时代永远做不到的事情。因为石油，全球的生产效率全面提高。

"左脚"这一步，震撼天地。

然后，以石油为燃料的内燃机把飞机送上了天，把汽车推向了四面八方。全球的交易效率，也因此得以闪电似的快速提升。

"右脚"这一步，瞬间十万里。

接着，第三次工业革命开始了。这次革命带来的是信息时代，算力这种能源被开采出来。

1946 年，世界上第一台现代计算机 ENIAC 诞生。这台计算机重 30 多吨，占地 170 平方米，每秒运算 5000 次。从那之后，计算机的算力就遵循着摩尔定律疯狂增长。今天，我们手上任意一部 iPhone 的算力都是这个 30 吨庞然大物的几十万倍。

那么，驾驭算力的是什么呢？是软件，如微软的办公系统、Oracle 的数据库系统、金蝶的财务系统，等等。有了被软件驾驭的算力的加持，工厂的生产速度更快了，超市的结账速度更快了，银行的算账速度也更快了……所有行业的生产效率都在以无法想象的速度提高。

这只"左脚"像"神"一样降临。

那"右脚"呢？

"右脚"当然是互联网，是移动互联网，是万物互联。

1994 年，我读大学时，要和一个在美国留学的同学通电话。当时的国际长途话费是十几元每分钟，而那个时候我每天的饭钱才不过 5 元。所以，我打电话时要数着秒，1 秒、2 秒……57 秒、58 秒……快到 1 分钟的时候，就要赶紧跟对方说"对不起，对不起，不能聊了"，然后"啪"的一声把电话挂了。因为晚 1 秒钟，就要多花 1 分钟的钱，而这相当于我 3 天的饭钱。

现在呢？你和你在美国的朋友、客户或者合作伙伴沟通，可以随时随地拿起手机，立即视频，完全免费。

"右脚"像另一个"神"一样降临。

就这样，"左脚"提升生产效率，"右脚"提升交易效率，一步一步，一直向前，技术周期带来的进步永不停止。

这三次工业革命的"左脚"分别是蒸汽机驾驭的煤炭、内燃机驾驭的石油、软件驾驭的算力。那么，会不会有下一次技术革命呢？如果有的话，下一次技术革命的"左脚"会是什么呢？很有可能是"第五要素"——人工智能驾驭的数据。

坚持长期主义，所有的变化都会是利好的

很多人可能已经了解了商业世界的多种周期，可是还是会抱怨：

"我所在的行业越来越不景气了。"

"红利褪去，我发现我们在'裸泳'。"

"业内竞争激烈了，简直是一片血海。"

…………

问题各式各样，但基本可以归结为一个问题：当"寒冬"来临时，该如何穿越周期？

2022 年，正值 OPPO 成立 18 周年，因为这个契机，我和其管理层有过一次交流，其间聊到了环境变化和应对之法。OPPO 从一个传统的 VCD/DVD 公司到迈进智能手机

产业，再到转型为生态科技公司，这段发展历程让我看到了穿越周期的秘诀，那就是：在"昨天"选好赛道，在"今天"脚踏实地地打造个体差异化优势，为"明天"提前做好准备。

接下来，我们就从"昨天""今天""明天"这三个维度来讨论如何才能穿越周期。

为什么说"昨天"就要选好赛道？回顾历史发展的进程，你会发现，不管时代如何变迁，总有一些行业拥有红利，总有一些赛道正在发展。

这其中蕴含着两层意思。第一层意思是市场规模足够大，这样才允许你发展 4～5 年甚至更长的时间，否则，你很快就会碰到"天花板"。第二层意思是你必须拥有敏锐的眼光，能够发现这些机会，并且坚定不移地选择它、执拗地坚持下去。

但是，我们常常关注第二层，赞叹某个人的眼光真是"毒辣"，却忽略了第一层。

你有没有想过这样一个问题：为什么有的品牌已经做成了家喻户晓的豆浆机品牌却又开始做电饭煲了呢？这是因为豆浆机的市场实在是太小了，增长一段时间之后很快就碰到了"天花板"，再怎么增长，销量都无法大幅提升了。甚至，有些品牌还没来得及碰到"天花板"，就被市场和用户抛弃了。

怎么办？扩充品类。但这也意味着原有的技术能力、产品线、人才也要跟着转型，尚未充分积累的品牌资产很可能将随之被稀释。

OPPO 也曾面临这样的局面，但它的选择不同。

对 OPPO 这个品牌有所了解的朋友可能知道，它起家于 VCD、DVD 流行的视听电子时代，其产品蓝光 DVD、MP3 都曾经创下过辉煌的市场成绩。但随着互联网浪潮席卷而过，DVD 产品被支持 DVD 功能的电脑、MP3 被支持音乐播放的手机成规模地替代了。

站在赛道选择的十字路口，OPPO 是快速扩充品类，还是彻底转换赛道？

OPPO 的创始人兼 CEO 陈明永说："要有一个好的品类可以承接整个品牌。"换句话说，OPPO 赛道选择的第一个战略控制点，是做品牌，而不是做品类。

做品牌是个长期工程，所以，要有一个周期足够长的产业来承接这个目标，而手机之所以能成为 OPPO 所选择的主航道，不仅是因为其周期足够长，更是因为它的市场空间足够大。

当时，三星、诺基亚、摩托罗拉等国际巨头占据了超过 70% 的手机市场份额，可与此同时，并没有哪一款手机能够完全满足用户对功能、设计、性能、品质等的所有需求。而在国内的国产功能手机市场上，各大厂商还普遍处于"代工"阶段。有调查显示，不少消费者渴望能用上本土品牌的手机，可国产手机的平均返修率竟然超过了 20%。

机会与空间俱在，但群雄林立，竞争激烈。在这种情况下，经过上上下下反复讨论，OPPO 还是决定：出发，向新赛道进军。

在 OPPO 看来，产业的发展周期够长、空间够大，企业才有时间去积累经验、迭代成长。市场有足够的盈利空间，才能支撑新进入的企业试错创新，直至形成核心竞争力。

选好赛道，这就是"昨天"要做的事。

为什么说打造个体差异化优势是"今天"要脚踏实地做的事？

老实说，在赛道发挥出的结构性优势面前，个体的差异化优势显得实在是太渺小了。但当赛道优势不再、竞争加剧的时候，你会发现，个体的差异化优势会带来超额收益。

比如外贸行业。这个行业的从业者都知道，跨境电商的红利绝大部分人只"吃"了一两年。随着进场的人数越来越多，随着全球消费者回归到自己原来熟悉的品牌，红利瞬间消失，竞争突然变得极其惨烈。

这个时候要想活下去，只能靠自己，靠自己的核心竞争力。

什么是核心竞争力？相对性、不可复制性、优势性这三个词叠加在一起就叫核心竞争力。

很多能够穿越过去不同时代周期的、最终生存发展下来的企业都具备这样的能力。它们的竞争力也许是细微的创新，也许是更优秀的设计，也许是更好的品质，也许是更合理的商业模式。

但在"今天"这个节点，很多科技公司都走到了依靠底层技术创新来继续发展的关键时期，最典型的是芯片技术。你可能已经发现了，现在有很多科技公司即便是花上数以亿计的流片费用也要想尽办法搞出芯片。这是因为，如果我们没有芯片，就无法做出真正具有差异化的产品。

OPPO 在影像上耕耘了十几年，一直把影像作为一个非常重要的差异点，但是，走着走着，它遇到瓶颈了：如果一直使用通用芯片，就很难给用户带来真正具有差异化的体验，所以，OPPO 必须自己研发芯片。

用了两年多的时间，OPPO 完成了第一块自主研发的芯片"马里亚纳 X"。这款芯片采用 6nm 制程工艺和 DSA 架构，具备每秒 18 万亿次的 AI 算力，能完成过去的手机难以实现的暗光视频拍摄。

不管你在哪一个行业，不管你正在做什么，都应该有自己的思考和洞察。

如果你已经错失了赛道选择，还不具备个体差异化优势，那么怎么才能获得超额收益，又如何穿越周期？与其为不确定性而焦虑，不如去打磨更优质的产品，提供更专业的服务，为企业打造真正的差异化优势。

所以，脚踏实地地打造个体差异化优势是"今天"应该做的事。

那么，为什么说要为"明天"提前做好储备？

这是因为，过去的成功经验很难套用在未来。

因此，你需要花一点时间想一想：三五年之后，这个世界可能会发生什么样的变化？这些变化对我们会产生什么影响？

换句话说，如果你想在五年之后收获一棵大树，那么，在今天你就要播下一颗种子。所以，OPPO才会倾注人力、财力去研发潘塔纳尔跨端系统。

很多人都说，未来的世界是万物互融的时代。这个判断其实并不难做。根据QuestMobile的统计，2022年第一季度，我国12亿互联网用户平均每天的联网时间达到了6.6小时，人均持有的智能设备超过了5台。

智能设备不断推陈出新，可是各自的生态不同，相互之间的系统也不兼容，硬件标准的差异也非常大，导致用户不但没能体验到丝滑流畅的跨端体验，反而在各种设备和 App 之间切换时失去了一致性和流畅感。

OPPO 希望潘塔纳尔跨端系统能成为这个"破壁人"。

为了实现这个目标，截至 2022 年 8 月，OPPO 已经和具备国际一流研发水平的大学共建了 15 个和潘塔纳尔相关的联合实验室，开展关键技术领域的创新研究。比如，在位置感知、系统性能评价等方面，OPPO 和清华大学、中国科学院大学、浙江大学等多所高校开展合作探索。在系统软硬件的底层优化、多媒体、图形显示等方面，OPPO 也携手了国内外很多一流高校，进行核心技术攻关。

我想起了杰夫·贝佐斯（Jeff Bezos）曾经说过的一段话：你做一件事，如果把目光放到未来 3 年，和你竞争的人会很多，但如果你能把目光放到未来 7 年，那么可以和你竞争的人就很少了，因为很少有公司愿意做那么长远的打算。

从短期来看，搭建像潘塔纳尔这样的生态系统可能不会带来什么利润，甚至还意味着巨大的风险，但长期主义者就是要踏平波动，穿越周期。

通过坚持长期主义来把握时代红利，这就是我们该为"明天"做的事。

时代之潮裹挟着你，滚滚向前。有时候，你会疲惫到迈不开腿。有时候，你会想"要不就算了吧"。有时候，你的眼前迷雾一片。有时候，你的面前是命运的十字路口。更麻烦的是，摆在我们面前供我们选择的常常不是一条"正确的路"和一条"错误的路"，因为这样的选择并不困难，我们都会选择"正确的路"。

很多时候，摆在我们面前的是一条"正确的路"和一条"容易的路"。"容易的路"是那么诱人，那么舒适，那么驾轻就熟。"正确的路"却是一条既窄又长还曲折的路，你可能要花上大把的时间去走，甚至在很长一段时间里看不到一点点光芒，但坚持长期主义，你终究会穿越周期。

不懂周期者，终将被结构力量裹挟吞没

关于周期，还有一个话题我想谈一谈。

曾经，有一位同学向我请教，说他有个朋友前几年生意做得非常出色，带领团队刻苦攻关，拿下一个又一个大单，公司在几年时间内取得了可观的利润。但是，当迅速积累到财富之后，生意却逐渐垮了。

这是一个常见的场景。有些人在人生中的某个阶段突然赚到了巨额财富，往往会觉得自己无所不能，接连投资项

目，但接连失败。

得到后再失去远比当初不曾拥有时要痛苦得多。曾经的意气风发、不可一世都在失去的那一刻被打回原形，并且因此承受着巨大的痛苦折磨。

这背后的原因是什么？

其实，人首先要看清楚自己，看清楚自己跟经济周期之间的关系，要明白经济周期大于产业周期，大于企业生命周期。当经济上行时，什么都好；一旦下行，"摔死"一片。

有些人做生意赚到了钱，很多时候是因为他们融入了趋势的大潮，站在了浪尖上，自己却并不知晓。因此，即使真的把事做成了，也要冷静地掂量一下自己，你的高度可能才175厘米，但这波席卷而来的浪潮高度可能有100米。如果不是站在了浪尖上，你是不可能获得成功的。

你应该搞明白，哪些成绩是凭你自己的能力得来的，哪些成绩是靠机遇取得的。

人成功后容易狂喜，不容易想明白这些事；很多公司做到一定规模后也容易犯错误，很难清醒。还有很多人在没有浪的地方非常努力地使蛮力，他们可能能力不差，但是做得却很痛苦，因为没能在浪尖上冲浪。

所以，人一定要专注于做好自己所擅长的，当别人渴望资本跃进的神话、镁光灯下的尖叫和关注时，当你的眼前涌现一个个充满诱惑的机会时，你要坚守好自己的内心，始终围绕着自己所具有的核心竞争力去设计产品或者服务。如同一个田间老农守护庄稼一样，相信企业如同庄稼一样，有其自然生长规律，然后厚积薄发，静待天时。

千万不要因为自己赚到了钱就觉得自己很优秀，你还有很长的路要走。一旦没有把握住自己的节奏，就容易被结构力量裹挟吞没。

那么，人为什么会为一次成功的结果而狂喜，甚至觉得接下来的成功会纷至沓来呢？其实，往往是被抛硬币的"小数法则"蒙蔽了双眼。

"小数法则"是著名的行为科学家阿莫斯·特韦尔斯基（Amos Tversky）和经济学家丹尼尔·卡尼曼（Daniel Kahneman）在其研究中对"赌徒谬误"的总结。他们说，当某一种结果反复出现多次后，人们通常会倾向于认为下一次将出现相反的结果，实际上这只是一种直觉偏差。

比如抛硬币，每一次抛硬币出现正面和反面的概率其实是完全一样的，并不会因为之前出现哪一面比较多接下来就会更可能出现另外一面。但就算人们明知抛硬币的概率是两面各 50%，依然会在连续抛出 5 个正面之后更倾向于判断下一次出现反面的概率较大。

实际上，就算你前面抛了几十亿次都是正面，下一次是正面的概率也还是 50%。下一次的结果并不会受之前结果的影响。

然而，人们总是觉得局部应该可以代替整体，以致在一次次"抛硬币"决策的过程中失去了理智的基本判断能力。

一位投资者第一次投资大获成功，接下来的投资真的依然会成功吗？

一次考试获得了第一名，就意味着以后都能名列前茅吗？

抓住一波红利赚到了钱，就证明自己赚钱能力很优秀吗？

回到最开始的问题，如果因为一次偶然的成功迅速积累了一笔财富，你可以惊喜，但也请敬畏行业，稳住节奏，明白自己究竟擅长的是什么。

历史不止一次地向我们证明：弱小和无知，不是生存的障碍，傲慢才是。

南宋端平元年（公元 1234 年），铁骑踏遍欧亚大陆的蒙古大军做好了进攻南宋的一切准备。在他们看来，那些体格远远比他们健壮的欧洲人都被他们打得落花流水，偏居临安、整天吟诗作对、体格瘦弱的南宋人自然也不是他们的对手，甚至迅速覆灭南宋亦非难事。

可出乎意料的是，宋蒙（元）战争从公元 1235 年全面爆发，至 1279 年崖山之战宋室覆亡，延续了近半个世纪，是蒙古势力崛起以来所遇到的耗时最长、耗力最大、最为棘手的一场战争。这一仗不仅没有快速结束，还打了近50年，搭上了一个大汗的性命。

在屠城的威胁下，这些柔弱的南宋人似乎并不害怕，从两淮到襄阳再到四川，蒙古大军无不遇到激烈的抵抗。而在合州钓鱼城，他们则遭受到了最大的挫折。南宋开庆元年（公元1259年），蒙古几十万大军围攻南宋潼川府路合州钓鱼城，却始终无法攻克，战乱中连蒙古大汗蒙哥也阵亡在城下。

其实，无往不胜的蒙古大军错就错在，只看到先前取得的耀眼战绩，而没有真正正视这个看似柔弱的对手。

商场如战场，不要让你的存量变成你进阶的障碍。

总之，一次抓住周期红利的成功，并不意味着未来可以规避所有失败的风险，也不意味着在之后的岁月里会一直成功。

很多时候，成功是当前运气和努力的结果，但也有的时候就是因为资源好、运气好，所以并不能基于之前的结果错误归因。

如果你曾经踏浪而来，那么在汹涌的潮水退去的时候，要明白：不懂周期者，终将被结构力量裹挟吞没；局部不代表整体，结果也不一定能说明成功的原因；不要以为优势永远不会被颠覆；专注做好自己所擅长的事，不要被利益蒙蔽双眼；厚积薄发，静待天时。

倘若因为潮水退去，你失去了红利期所创造的一切，也没关系，拍拍身上的泥土，认清自己。谁无暴风劲雨时，守得云开见月明，一切无非从头再来。

第 4 章

第五要素

数据正成为推动经济增长的新要素

关于数据，我想先讲一个真实的案例。

环卫工人的工作非常辛苦，城市的环境能如此整洁，是因为有他们替我们负重前行。

环卫工人每天需要按时检查公共场所的所有垃圾桶，发现垃圾桶里的垃圾已经很多了，就马上倾倒，如果没什么垃圾，就继续检查下一个。因此，他们的工作量很繁重，而且每天需要弯腰无数次，十分劳累。

怎么才能减轻环卫工人的劳累程度呢？尽量减少检查次数是一个方法。可是，这个度很难把握。检查的次数少了，有些垃圾桶里的垃圾就溢出了，不仅影响环境卫生，严重时甚至会引发火情。检查的次数多了，有些垃圾桶还是空的，又会白白浪费时间。

这时，数据就发挥作用了。有的城市已经在一些核心区域给垃圾桶装上了传感器，对垃圾桶里的垃圾情况进行实时监控。当垃圾桶需要倾倒的时候，就会自动通知环卫工人，不需要他们再跑来跑去巡逻检查，环卫工人的工作效率因此大大提高，工作强度也大幅度降低。甚至，环卫车还会根据分布式的倾倒需求自动设计最佳路线，极大地减少了环卫工人的工作时长，使他们不再那么辛苦。

这就是数据的价值。但是，如果你觉得这就是数据的全部价值了，那你还是低估了"人工智能驾驭的数据"。

为了准备 2022 年的年度演讲，我从 2022 年 10 月 1 日开始就"闭关"了。在长达一个月的时间里，我不开会，不出差，不见客户，就在家里写演讲稿，连拍视频都没有时间。这时，硅基智能的创始人司马华鹏对我说："润总，你给我几段你以前拍过的视频，我让我们的人工智能学习一下，帮你生成一个数字人。以后你'闭关'在家里、出差在路上，只要给同事发一段语音，就能驱动这个数字人生成视频，以后就让硅基劳动力替你工作吧。"

硅基劳动力？！这真是太令人震撼了。什么是"硅基"？人体的主要元素是碳，芯片的主要元素是硅，所以人类被称作碳基生命，而机器人 / 人工智能则被称作硅基生命。后来，司马华鹏真的用人工智能为我打造了一个"数字人"。

我的同事听说这件事后，纷纷感叹：元宇宙，是真的要来了啊。

我不知道元宇宙是不是真的要来了，但是，我在数字世界的分身是真的已经来了，这个分身对我来说非常有价值。

不仅对我有价值，对主持人也很有价值。以后，主持人可以只负责写稿，因为硅基劳动力可以帮他主持，主持人再也不用在灯光下"烧烤"了，更不用担心因为紧张而念错稿子。

对客服也很有价值。以后，客服可以只处理意外情况，因为那些普通的问询可以由硅基劳动力来回复。客服再也不用同一句话每天重复 100 遍了，更不用担心被骂到一整天都心情不好。

对健身教练也很有价值。以后，健身教练可以只负责制订个性化方案，因为硅基劳动力可以帮他指导学员的动作。健身教练不需要跑大老远和学员见面，通过线上的方式就能发挥自己的价值。

对演讲者也很有价值。以后，演讲者可以只负责写演讲稿，因为硅基劳动力可以帮他在台上讲。或许有一天，你们所看到的在台上演讲的我，其实是硅基劳动力。

从理论上来说，人工智能驾驭的数据可以为社会"生育"出无穷无尽的、不眠不休的硅基劳动力。

司马华鹏说，他的梦想是要为人类造出一亿个"硅基劳动力"，让人回归人的价值。

如今，数据正成为推动经济增长的一个新要素。

为了理解这一点，我们需要先思考几个问题：社会的总财富、经济的总增长到底从何而来？来自消费、投资还是进出口？消费、投资、进出口是拉动 GDP 的"三驾马车"，这"三驾马车"为什么能拉动 GDP 的增长？它们的拉动力是从哪里来的？这三匹"马"靠吃什么为生？

法国经济学家让－巴蒂斯特·萨伊（Jean-Baptiste Say）提出了生产力三要素理论，他认为，资本、土地和劳动是生产中三种必要的要素，它们共同创造了产品，因而也就共同创造了价值。拉动经济的"马"，正是因为吃这些"草"，才能长大，才有力量，才跑得快。

劳动这种生产要素是非常重要的。一个人用自己一天的劳动生产了 10 个馒头，但自己只吃了 5 个馒头，多出来的 5 个就是增长。那么，两个人劳动一天，馒头数量会增长 10 个。三个人劳动一天，馒头数量会增长 15 个。劳动的人数越多，增长越多。

土地这种生产要素也是非常重要的。一块土地能产 500 千克大米，分给所有劳动者 250 千克，还多 250 千克。多的这 250 千克就是增长。那么，两块土地产出的大米就多出来 500 千克，三块土地就多出来 750 千克。开垦的土地越多，增长就越多。其他自然资源也是如此。

资本这种生产要素仍然很重要。一个人投入 1 万元资本用来付地租、购买设备和原材料，生产产品，将产品销售出去，给工人发工资，最终赚了 2000 元，赚的这 2000 元就是增长。依次类推（不考虑规模经济效应），投入 2 万元能赚 4000 元，投入 3 万元能赚 6000 元。投入的资本越多，增长就越多。

劳动获得的是工资，土地获得的是地租，资本获得的是利润。这种用三大生产要素来分析经济增长的方法就是"古典增长理论"。

但是，经济增长只来自这三种要素吗？"马"只吃这三种"草"吗？这三种"草"可以一直吃下去吗？

后来的经济学家继续对这一课题进行了研究，他们逐渐发现，还存在看不见、摸不着的第四生产要素——技术。

腾讯研究院绘制了一幅图，描述了世界经济增长千年史，如图 4-1 所示。

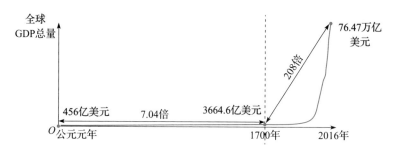

图 4-1 世界经济增长千年史

资料来源：腾讯研究院。

从图 4-1 上我们可以看到，公元元年，全球 GDP 总量是 456 亿美元。1700 年，全球 GDP 总量增长到了 3664.6 亿美元。在大家认为"劳动是财富之父，土地是财富之母"的这 1700 年里，全球 GDP 总量增长了 7 倍左右。然后，第一次工业革命发生了。在这之后的 300 年里，全球经济迎来了爆发式增长。到 2016 年，全球 GDP 总量达到了 76.47 万亿美元，比第一次工业革命之前，增长了 208 倍左右。

全球 GDP 总量在前 1700 年里增长了 7.04 倍，在后 300 多年里增长了 208 倍。后 300 多年比前 1700 年到底多了什么？多了蒸汽机、内燃机、计算机，多了火车、汽车、互联网，多了突飞猛进的技术。

"技术"就是第四生产要素，这种生产要素以一种看不见、摸不着、叫作"知识"的方式存在着，使人类社会获得飞跃式发展。这也是为什么我们说"知识就是财富""科技就是第一生产力"。

那么，第五要素是什么呢？

第五要素就是"数据"。

2020 年 3 月，中共中央、国务院发布《关于构建更加完善的要素市场化配置体制机制的意见》，提出土地、劳动力、资本、技术、数据五个要素领域的改革方向和具体举措，并强调要通过制定出台新一批数据共享责任清单、探索建立统一的数据标准规范、支持构建多领域数据开发利用场景，全面提升数据要素价值。这是数据第一次正式被当作一种新的生产要素提出。

你也许会感到有些不可思议：数据有这么重要吗？能和土地、劳动力、资本、技术并列？如果数据这么重要，为什么过去那么多经济学家没有把数据当作生产要素呢？

这是因为自从有了计算机和互联网后，数据才大量产生，以前的经济学家从来都没有见过这么多数据。

现在，人类每天都要产生 5 亿条推文、2940 亿封电子邮件、650 亿条 WhatsApp 消息、400 万 GB 的 Facebook 数据。[○]知名调研公司 IDC 指出，全球数据圈正在经历急剧扩张，到 2025 年，每年产生的数据总量预计将增加至 175ZB。

175ZB 有多少？如果你有足够大的硬盘把这些数据下载下来，以 25MB/s 的网速来算，你需要约 2.1 亿年才能全部下载完成。

数据奔涌而出，与此同时，另一个生产要素"劳动力"却在快速减少。

2022 年 11 月 15 日，全球人口达到 80 亿。这一数字在

○ 数据来自中国数字科技馆发布的文章《人类究竟产生了多少数据？》。

今后几十年将继续增长，但增速会有所放缓，且存在地区差异。而如图 4-2 所示，中国可能最早在 2023 年迎来人口负增长，同时，印度可能会在 2023 年一举超过中国，成为地球上第一人口大国。

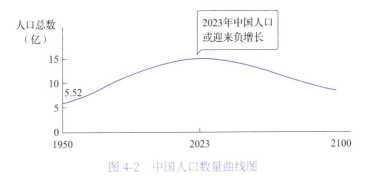

图 4-2　中国人口数量曲线图

数量上的超越不算什么，更严重的是人口结构的变化。我们来看中国和印度的人口结构对比，如图 4-3 所示。1998年，中国有大量年轻的劳动力，而且平均年龄不到 30 岁。印度的人口分布则比较平均。而到了 2050 年，中国人口老龄化加剧，平均年龄接近 50 岁。此时，印度年轻人数量非常巨大，而且平均只有 30 多岁。

通过对比我们可以看出，中国劳动力的绝对数量在减少，相对优势在丧失。

很多人可能会困惑："你们总是说中国劳动力在减少，可是我周围还是有很多人找不到工作啊。"

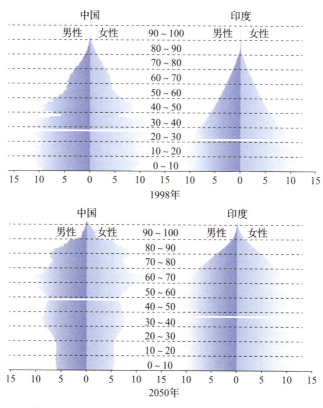

图 4-3 1998 年和 2050 年中国与印度人口结构对比

　　是的。在 100 个拥有劳动能力的人中，可能总会有 10 个人找不到自己喜欢的工作，这是结构性问题。而劳动力减少是指拥有劳动能力的总人数从 100 人减少到 90 人、80 人甚至更少。这是总体性问题。换言之，过去，在 100 个人中如果有10 个人找不到工作，那么还有 90 个人工作；以后，就算所有人都工作，最多也只有 90 人、80 人甚至更少的人工作了。

劳动力与数据此消彼长。以后，我们再也不能只靠勤奋了，而是要向数据这个第五要素要增长。

商业的本质是交易，交易的发生靠连接

如何向数据要增长？**三个步骤：连接、挖掘、使用。**

商业的本质是交易，而交易的发生靠连接。向数据要增长最基本的前提，就是越来越高效的连接。

在古代，中国最繁华的城市是洛阳和长安（也就是今天的西安）。这两座城市之所以繁华，是因为古代的贸易大多是陆路贸易，而它们都是陆地连接的交汇点。

后来，中国最繁华的城市变成了天津、上海、宁波和深圳。为什么？因为后来的贸易是全球贸易，而这些沿海港口城市是海洋连接的交汇点。

今天，中国最繁华的城市是哪里？是"阿里巴巴市"，是"腾讯市"，是"字节跳动市"。因为今天的贸易发生在网络上，而阿里巴巴、腾讯、字节跳动这些互联网公司是网络连接的交汇点。

所以，不要在乎什么线上线下，连接在哪里交汇，就去哪里交易，因为那里有用户，有数据，甚至有很多你以前根本不敢想象的可能。

有一天，我突发奇想：中国叫"刘润"的肯定远不止我一个，认识其他的"刘润"应该是一件很有趣的事。于是，我发了一条朋友圈，求大家给我介绍"刘润"。很快，我就建了一个群，叫作"一群刘润"。

现在这个群里有 10 个"刘润"。有一位来自杭州，从事文化产业；有一位来自长沙，是互联网广告人；有一位来自上海，是科技公司的创始人；还有一位来自成都，是一位乡村美妆博主……我们约好，一定要找机会一起吃个饭。

以前人们在异乡遇到老乡会两眼泪汪汪，因为缺乏连接。而现在，瞬间认识 10 个"刘润"，易如反掌。这就是连接的力量。

从连接里挖掘数据，从数据里挖掘交易

建立连接之后，就是进行第二个步骤——挖掘。

中国房地产行业从黄金时代到白银时代，然后跳过了青铜时代，直接进入了黑铁时代。以前，只要在楼盘广告里写上这些关键词——"豪宅""典范""巨献""私邸""极致"，房子就能神奇地卖出去。但现在，就算是在上面写上"按照白金汉宫 1∶1 打造"，房子也没那么容易卖出去了。怎么办？

若缺科技的创始人胡炜给出了一个答案："从连接里挖

掘数据，从数据里挖掘交易。"

若缺科技是一家从事房地产行业的公司，但在这个房地产行业的寒冬里，胡炜说若缺科技没受太大的影响，活得还可以。这是因为胡炜早就认识到了，要做好房地产营销，就要和客户建立更短的连接，实现更多的触达，用更高价值的吸引，实现更多触点的转化。

从 2018 年开始，胡炜就感觉到了这个机会，若缺科技因此开始做基于线上的新媒体营销，用公众号、视频号、直播、小程序等建立新媒体矩阵，提供有价值的内容，吸引目标客户，再通过这些触点去转化客户。

若缺科技刚开始做公众号的时候，胡炜一直在琢磨发什么内容。一般的公众号为了吸引更多人会发娱乐八卦，这样会在短时间内带来很大的流量，但连接的不是精准客户。胡炜不打算这么做，因为他知道，连接的不是他想要的客户。他想，那些想要买房的客户一定是关注房地产领域的，所以，若缺科技应该用知识型的内容吸引真正对买房感兴趣的人。于是，若缺科技的公众号开始发"知识"，比如新的住房政策出台代表着什么，新的房贷利率会给购房者带来什么影响，楼盘周围的学区情况怎么样，等等。愿意读这些文章的人通常都有潜在的买房需求，而若缺科技做的就是提供他们需要的价值，回答他们关心的问题，吸引他们。

以后，我们再也不能只靠勤
奋了
而是要向数据这个推动经济
增长的第五要素要增长
向数据要增长的三个步骤：
连接、挖掘、使用

商业的本质是交易

交易的发生靠连接

除了做公众号，若缺科技也会拍一些短视频，因为有些知识用短视频讲解更清晰明了，更容易拉近与潜在客户的距离。若缺科技的一些短视频会模仿经典电影的桥段，比如《这个杀手不太冷》《新喜剧之王》等，他们把自己想传达给客户的信息融入短视频，让客户在哈哈大笑之余得到了他们想要的信息。

这些都是苦活累活，但是也因此和真正的潜在客户有了"连接"。

然后，若缺科技开始尝试"直播卖房"。在直播间里卖几十元钱的薯条、酸奶、土鸡蛋不难，但卖几十万元甚至几百万元的房子就难了。但还好，若缺科技已经"连接"了潜在客户，下面就是要"挖掘"出精准客户了。

2022 年初，若缺科技为金华的"山嘴头未来社区"做了一场直播，他们把自己线上线下的客户都导流到了直播间，并在直播间推出 2000 元的购房代金券，而客户只需花 9.9 元就可以买到。他们想用这个券把真想买房的客户"挖掘"出来。

怎么挖掘？那些之前看过房子的客户在直播间里通过购房代金券踢出"临门一脚"，表明购买意向，而那些没有看过房子的也能通过直播"种草"，对这个楼盘留下一个好印象。

　　一场直播下来，若缺科技卖出了 200 多张购房代金券，最后成交了 12 套房子。

　　现在卖房子，靠用大量劳动力发传单的方式去吸引客户已经行不通了，聪明的做法是像胡炜这样连接精准客户，然后从连接中挖掘数据，从数据中挖掘精准的交易机会。

　　在过去的十几年里，中国零售行业经历了它这个"年纪"本不该承受的一切。刚发展没多久，就遭遇了互联网电商——阿里巴巴、京东，到底是敌是友？待费尽心思终于搞清楚是一场误会时，"新零售"又来了。刚理解了"新零售"，"中国第五大发明"——直播卖货又来了。这个世界变得难以理解，到处都是新名词。怎么办？

　　小鹅通的 COO 樊晓星说："最重要的永远都不是这些新名词，而是用户，是如何和用户保持'关系'。"

　　樊晓星问我："润总，你买袜子的时候关心品牌吗？是不是黑色的、棉质的、摸上去舒服的就行？"是的，很多人买袜子都是去超市、去电商、去直播间，买了就走，不关心品牌。在这种情况下，品牌和用户是没有"关系"的，只要"关系"不在，触点就会一直变，商家就不得不疲于奔命。

　　怎么解决这个难题？建立会员关系。

　　有家机构叫"法律名家讲堂"，它在线下做图书、做出版的时候就有很多用户，但是这些用户散落在高校、律师协会、律师事务所，很难联系到。于是，它开始在小鹅通上用录播课、社群和直播来连接这些用户，并在与他们的互动中挖掘出他们的喜好数据，再根据这些喜好数据推出有针对性的"年度会员"服务。

会员制的本质是一种双赢的契约关系：我承诺在你这里更多地消费，你也承诺给我更多的利益。用户成为会员后，来看专栏、看直播、看回放的频率高了很多，便和机构建立了更紧密的"关系"。

这就是"挖掘"带给我们的价值。

从数据中看见趋势，达人所未见

完成连接、挖掘之后，是进行第三个步骤——使用。

前段时间，我去了一趟北京，到一家叫作"拓疆者"的公司学手艺。我坐在他们位于北京国贸 CBD 28 楼的办公室里，学习如何操控一台真实的、远在北京郊区的挖掘机。

我觉得这很好玩，而且很简单。当我从操控台上走下来的那一刻，心里就只有 9 个大字：开挖掘机就那么回事！

拓疆者的创始人隋少龙对我说："润总，你可千万不要小看开挖掘机，开挖掘机其实非常难，要做到在高低起伏的矿山中行进的时候不侧翻，在挖掘和甩臂的时候不误伤旁边的人，在倾泻的时候正好倒在卡车货箱中间而不是漏在地上……这些都是很难的事。而且，挖掘机手的工作环境非常恶劣，煤堆粉尘、井下坍塌、工厂高温，怎么保护自己的安全？中国有 350 万名挖掘机手，你平常看不到他们，但是他们的工作特别不容易。"

正因为如此，隋少龙开始思考：能不能让挖掘机深入危险的矿山、井下、工厂，但是把挖掘机手留在安全的地方，对挖掘机进行远程操控呢？这个想法让他很兴奋。但是，要实现这一点需要数据。

于是，隋少龙带着拓疆者团队开始尝试在挖掘机上安装各种传感器，如图 4-4 所示。

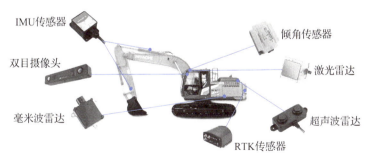

图 4-4　拓疆者在挖掘机上安装的传感器

他们用 IMU 传感器获取挖掘机大臂小臂的转动角度数据，以判断挖掘动作是否到位；用超声波雷达、毫米波雷达、激光雷达等传感器获取挖掘现场的三维环境数据，以避免误碰周边障碍物；用 RTK 传感器和倾角传感器获取挖掘机自身的倾斜状态和转动状态数据，以判断侧翻风险；用双目摄像头补足挖掘机手的视觉盲区，确保机器和周边安全。

有了这些数据后，我才能坐在国贸 CBD 的办公室里远程操控一台真正的挖掘机。

那么，远程操控挖掘机到底有什么用呢？用处大了。

举几个例子。

在辽宁省营口港停着一艘外贸货轮，它的船舱里装着 5 万吨进口煤粉。为了卸载这些煤粉，挖掘机手和挖掘机被吊入船舱，然后将煤粉一斗一斗地挖出来。这对挖掘机手来说是很危险的，因为煤粉一旦塌方，他们就会有生命危险。而远程操控挖掘机就解决了这个难题，挖掘机手不用上船就能挖完一船煤。

中国每年产生大量的工业废料。按照环保要求，工业废料的贮存区域必须封闭作业，洒水控尘，以防止污染。挖掘机手要在这样味道重、湿度高的封闭环境里工作实在是太不容易了，因此，他们最多连续工作 3 小时就要换岗。而远程操控挖掘机让他们能够坐在有空调的办公室里，一边喝茶一边处理工业废料。

这两个场景还不算是最危险的，有些挖掘机手还需要去排弹现场挖哑弹（没有爆炸的炸弹）。第二次世界大战过去

70 多年了，但依然有些哑弹被深埋在地下。工兵探测到这些哑弹后，需要用挖掘机把它们挖出来，再引爆销毁。这个过程的危险程度可想而知。而远程操控挖掘机可以使挖掘机手在安全的地方遥控挖掘哑弹，避免意外爆炸带来人员伤亡。

这就是数据的价值。

现在，中国的技术正走向世界，如日本已有公司安装了拓疆者的远程挖掘机系统。也许未来，日本工地上的不少挖掘机都是中国人远程驾驶的。中国的碳基劳动力足不出户就可以遍迹全球。

所有人正在以同样的速度——每小时 60 分钟进入未来，但是，能者达人所不达，智者达人所未见。祝你能从数据中看见趋势的机会，获得自己的增长。

第 5 章

消费进化

真正的极致体验，永远都有市场

请问：你愿意为一个神奇女侠手办付多少钱？500 元？100 元？50 元？如果我告诉你，有人愿意花 23 000 元，你是不是感觉非常不可思议？但这是真实发生的事情。

这个让人愿意花"天价"购买的神奇女侠手办是由一家叫作"开天"的工作室用 3D 打印技术制作的，如图 5-1 所示。

图 5-1　开天工作室制作的神奇女侠手办

这款神奇女侠手办身上的盔甲、头套、护腕是用每克52元的红蜡通过 3D 技术打印出来的，然后用树脂材料翻模制作，再纯手工涂色。护腕的金属银色增加了做旧痕迹，头饰的金色、盔甲的紫红色增加了战损[⊖]。为了达到极致的逼真度，神奇女侠手办的身体在翻模时并未采用常用的树脂材料，而是改用修复人体皮肤的医用铂金硅胶。手办手上的真言套索是一根真实的道具级的纤维绳，背带是用皮革手工缝制的，眼睛是根据盖尔·加朵的瞳孔颜色定制的医用义眼，而头发是 10 万根对人发有极高还原度的高温丝，并且是一根一根地手工植入的。

这做工真的是令人叹为观止。

开天工作室的创始人大鱼告诉我，这款神奇女侠手办在全球预售时限量 580 个，结果在 2 小时内就全部售罄，收入过千万元。

这销售速度更加令人叹为观止。

人们不是不愿意花钱了，只是不愿意为不值得的东西花钱了。真正的极致体验、真正的极致价值，永远都有市场，即使它很贵。

我们用一个模型来解释这件事，这个模型我称之为"本

⊖ 战损，网络流行语，是指战斗损伤，即某个角色在斗争中出现的身体上的损伤。

价值模型"。

举个例子，你研发了一架无人机，成本是 1 万元。当你开始卖它的时候，你首先要对它进行定价，你打算卖 1.5 万元、2 万元还是 3 万元？卖多少钱就是"价"，但是按这个"价"能否卖得出去，就要看你的无人机能解决多"贵"的问题。

假如你的无人机能帮人买菜，有人或许愿意花 100 元来购买它。因为这虽然是一个非常实用的功能，但是这个功能不太"贵"。如果能帮购买者节省 100 元的时间成本，这100 元就是"值"。假如你的无人机能帮人送婚戒，有人或许愿意花 2 万元来购买它，因为他觉得这个功能很有意思。但如果这时你的定价是 3 万元，他或许就不会买了，因为谁也不愿意花 3 万元来买一个在他看来只值 2 万元的东西。假如你的无人机可以喷洒农药，帮农民节省大量的人工呢？这时，或许有人就愿意花 6 万元来买它了。

那么，如果你的无人机能航拍呢？

过去，电影的航拍镜头是用直升机拍摄的，一天的成本大约是 10 多万元。电影《敢死队 3》用了 38 天拍航拍镜头，这就意味着拍摄团队花了大约 380 万元。所以，这个问题更"贵"。在这种情况下，好莱坞会不会买你的这个售价 3 万元的无人机呢？当然会，别说 3 万元了，10 万元都会买。

如图 5-2 所示，用 10 万元解决了 380 万元的问题，这就叫作"高性价比"。把成本 1 万元的无人机卖到了 10 万元，这就叫作"高毛利"。

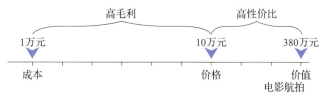

图 5-2　高性价比与高毛利

一提起"高性价比"几个字，总有人会无比愤怒："别跟我谈高性价比！没有利润，企业拿什么做服务，拿什么做研发？"

可是，从图 5-2 来看，高性价比和高毛利并不互相矛盾。高性价比，是因为价值远大于价格；高毛利，是因为价格远大于成本。只要你能做出有真正极致体验、极致价值的产品，比如开天工作室制作的神奇女侠手办，那么，就算卖得再贵，客户也会觉得这性价比简直是太高了。

提高价值靠创造，降低成本靠努力，而纯粹的价格调整是一场你和消费者之间的零和博弈。

这个世界上只有一种产品能赢得未来

关于高毛利和高性价比，很多人都存在认知误区：把"高性价比"默认等于"没有利润"。

高性价比和高毛利
互相并不矛盾

提高价值靠创造

降低成本靠努力

而纯粹的价格调整是一场

你和消费者的零和博弈

如果你也在试图找到性价比和利润之间的平衡，那你可能完全误解了这两件事。如上一节所说，高毛利跟高性价比从来都不是对立的。

我读了雷军的著作《小米创业思考》后，受到了很大的启发。在我眼里，小米这家公司是追求极致性价比的。

雷军在书里说："小米从一开始就敞开心扉和用户交朋友，和用户一起做产品。早年甚至极端到把庞杂的渠道和营销费用全部砍掉，直接以成本定价，给用户提供高性能、高颜值、高性价比的产品。"

2016 年，小米发布了第一款全面屏手机小米 MIX，售价仅为 3499 元。当时，小米内部有过讨论，不少人都希望把这款划时代产品的价格定到 6000 元甚至 8000 元以上。但雷军认为，这不符合小米坚持的高性价比原则，所以最终仍然是以成本定价。

事后，不少关心小米的朋友都觉得很惋惜。他们认为小米如果抓住这次机会定高价，小米在高端市场上就立住了。甚至有不少米粉建议小米把定价抬高一点，不要死守高性价比不放。

但是雷军却说："我能理解朋友们的关心，但我还是要说，他们错误地理解了高性价比。高性价比并不是绝对低价，坚持高性价比同样可以做高价、做高端。"

雷军举了一个例子。

2019 年 10 月，他在乌镇参加世界互联网大会，白天的会议议程很满，到了晚上，朋友们闲下来就会三三两两聚在一起，小酌一杯，聊聊天。

有一天晚上，丁磊在吃饭时突然跟他说："雷总，你能不能帮我做一批超大尺寸的电视机，比如 100 英寸[⊖]左右的？"

雷军问他："为什么？小米目前还没有这样的产品，如果你家里用，直接买几台市面上有的产品不就行了。"

丁磊说，是打算放在办公室里，开视频会议、播放 PPT 用的。他当时看了这类产品，最便宜的也要十几万元，实在太贵了。所以，他想让小米用那套高性价比模型把价格打下来。

丁磊的话让雷军脑子里突然闪过一道亮光。

小米进入电视行业 6 年，2019 年登上国内行业销量第一的位置。雷军心里很清楚，电视重在身临其境的体验，一直在追求更大、更清晰，100 英寸左右的超大尺寸显然是符合未来趋势的。这有机会打造出小米"高端产品大众化"的下一款爆品。

⊖　1 英寸 =0.0254 米。

丁磊接着问："你能不能做，价格能不能做到 5 万元以内？"

雷军立刻给小米电视部门总经理打了通电话，巧了，对方之前也已经有这样的考量，而且跟上游面板厂一起进行过调研，已经有了一定的预研基础。

98 英寸的尺寸符合要求，但 BOM 成本（元器件成本的累加）再怎么压低，也还要 25 000 元左右。经理说，有机会把零售价做到 5 万元以内。

于是，这款产品就立项了。

距离丁磊提出需求不过 5 个月的时间，2020 年 3 月 24 日，这款 Redmi 智能电视 MAX 98 英寸超大屏智能电视就面市了，定价是 19 999 元，比 BOM 成本（25 000 元）还要低。而且，这款电视因为体积太大，每安装一台都要出动吊车和一组工人，送货和安装的成本非常高。每台仅人工服务成本就要 2000 元左右，但小米的这项服务是免费送给用户的。

为什么敢这样定价？因为雷军相信，前期虽然会有亏损，但随着销量的增加，定然有机会迅速摊薄成本，并且实现盈利。

或许有人会说，每台 2 万元，从价格上来说已经非常昂贵了啊。但是，这依然是极致的性价比，因为当时同样尺寸的巨屏电视平均价格在每台 15 万元左右。

什么是性价比？

"性"，指的是性能、品质。它表明产品是用来解决问题的，而不是拿产品的成本多少来衡量价格是否便宜的。关键在于这个产品的性能值多少钱，在于这个产品性能和别的产品性能相比值不值。

就像雷军所说，讲性价比不是讨论绝对价格，更不是指低价，而是指比较优势，是同等价格性能更好，同等性能价格更低。

雷军说："小米坚守的性价比有一条 5% 红线，我们在 2018 年承诺，硬件业务的综合净利润率不超过 5%。"

这 4 年来，小米的高端手机已经站稳 6000 元价位，手机均价有了显著提升，营收和净利润总额也都有了大幅增长，但小米硬件业务的综合净利润率一直保持在 1% 左右。

对小米模式而言，高性价比是一种信仰，是对用户长久的承诺，也是对用户最大的诚意。

到 2021 年 6 月，这款 98 英寸电视因为规模的不断扩大和综合成本的不断摊薄，售价已经下调到 16 999 元。

用户曾经要花 15 万元才能解决的问题，你能做到以 5 万元、2 万元甚至更低价格，给他一个差不多或更好的解决方案，这就是高性价比。

那么，什么是高毛利呢？

价格到价值的空间，决定了你的性价比。成本到价格的空间，决定了你的毛利率。假设你的产品卖 2 万元，你还能把成本控制在 1 万元，你的毛利率就是 50%，成本如果再压低，毛利率就会更高。这就是高毛利。

毛利率很高，不代表性价比低。这两者完全是两回事，没有任何关系。只不过在很多人的固有观念里，高毛利就等于多赚钱，而高性价比就等于成本价，在他们看来，"以成本价卖还怎么多赚钱？"，就自相矛盾了。

经常有人问我："我怎样才能找到好的机会、赛道？我该做什么样的产品呢？"

我想说，如果你的产品同时做到了高性价比和高毛利，用 1 万元的成本，卖出 2 万元的价格，解决了 15 万元的问题，这就是门好生意。

好在哪儿？

性价比影响着消费者是否喜欢你的产品，毛利率影响着你的盈利状况，能够做到既让消费者喜欢，产品利润又很高的生意，当然是非常好的生意。

在我看来，高性价比是商业进步的唯一方向。想要做一门好生意，永远是用一个高毛利的方案去解决一个性价比极高的问题。

在"贵"的问题面前，答案就显得"便宜"了

这几年，消费市场变得非常"内卷"。其实，当我们把"价格"作为竞争手段时，什么行业都会"内卷"，在成本和价值之"内"来回"卷"，谁都无法逃离。怎么办？进化。

"内卷"的英文是"involution"。"in"是向内，"involution"就是向内寻求改变。进化的英文是"evolution"。"e"是外展，"evolution"就是向外寻找机会。

你看，这两个词是不是很像？是的，当然像，因为进化就是"内卷"的反义词。

你知道"内卷"这个词是怎么来的吗？是美国人类学家克利福德·格尔茨（Clifford Geertz）在他的著作《农业的内卷化：印度尼西亚生态变迁的过程》中作为进化的反义词创造出来的。

而进化不仅是"内卷"的反义词，也是对抗"内卷"的唯一方式。

那么，消费如何进化？如何在这么"内卷"的市场中把握住确定性的机遇？最核心的抓手不是价格，而是成本和价值。要实现消费进化，有三条关键路径，如图5-3所示。第一，把价值右移，解决更"贵"的问题；第二，把成本左移，创造性地降低成本；第三，换一条"本价值曲线"，抓

住全新的需求。

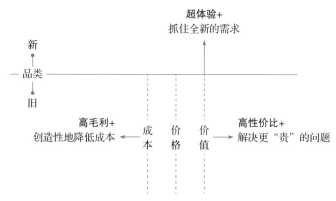

图 5-3　消费进化的三条关键路径

绘图：华十二。

我们先来说一说如何解决更"贵"的问题。

有人问我："润总，哪个领域的咨询能够占据最大的市场份额？"

咨询行业包括战略咨询、管理咨询、心理咨询、婚恋咨询、教育咨询、留学咨询等，以我浅薄的认知，我认为战略咨询的市场规模可能会做到最大。

全球有无数家咨询公司，排名前三的是麦肯锡咨询公司（MCK）、贝恩咨询公司（Bain）、波士顿咨询公司（BCG），这三家公司都是做战略咨询的，被称为"MBB"，动辄收取几百万元、几千万元甚至上亿元的咨询费。

为什么它们能收取这么高的费用？因为它们能解决更

"贵"的问题。一个战略决策的好坏，关乎巨大的利益得失，甚至企业的生死存亡。再贵的咨询费，在更"贵"的问题面前都显得便宜了。

反过来说，为什么婚恋咨询公司可以做到小而美，却很难做大呢？举个例子，一个女孩子痛哭流涕地来咨询怎么才能挽回男朋友的心，你说："好的，这个问题由我们的 Alpha 小组负责跟进，咨询费 600 万元。"女孩子一听，立马不哭了：那还是换一个男朋友吧，不咨询了。

一罐 950ml 的鲜奶能卖到多少钱？通常的售价是 10 ～ 15 元。那么，怎样才能卖到 30 元甚至 40 元呢？

答案也是解决更"贵"的问题。

朝日唯品的品牌主理人张蕾告诉我，一杯拿铁通常只有 1/6 是浓缩咖啡，其他都是牛奶。如果奶质不行，一杯动辄 40 ～ 50 元的精品咖啡是无法赢得消费者青睐的。所以，奶质对精品咖啡店很"贵"。同样，对于瓜果蔬菜，好吃很重要，但是注重健康的现代人关注的不只是好吃，还要吃得安心。安心比好吃更"贵"。

那么，如何解决这些"贵"的问题呢？朝日唯品在拿下土地后，没有急于耕种，而是先将土地空置 5 年，只为养出一片安心的土地。在他们看来，好土地才能孕育万物。朝日唯品在种植作物时，坚持不打农药，都是由工人在田地间手工除草除虫，让作物回归最原本的生长方式。朝日唯品的奶牛吃的都是自营农场的有机作物，只为获取最优质的奶源。朝日唯品还用长达 10 年的时间打造出适合中国土地的"循环型农业模式"。在他们看来，只有敬畏自然的循环，才能种植出最安全的蔬果，才能产出最美味的牛奶。朝日唯品的产品虽然看上去很贵，市场有限，但其年增长率依然高达 50%。

关于解决更"贵"的问题，得到 App"蔡钰·商业参考"的主理人蔡钰老师给我狠狠开了一个"脑洞"。她说："你不知道现在的年轻人多有创造力。"

她给我讲了几个新兴的职业，比如游戏捏脸师。如果你觉得自己在游戏里的头像不好看，可以请游戏捏脸师来给你的虚拟头像捏个脸、做美容，让你的虚拟头像瞬间惊艳众人。据说，有的游戏捏脸师月收入能到 4.5 万元。

比如铸甲师。女孩子喜欢穿汉服，而很多男孩子喜欢穿铠甲，"黄沙百战穿金甲，不破楼兰终不还"，这是很多人都有的情怀。铸甲师就是制作铠甲的，他们能用一套手工打造的战甲让你鹤立鸡群。

比如陪诊师。当父母生病你却无法陪同时，你一定会心急如焚，这时，你可以为父母请一位陪诊师。他会陪着你的父母挂号、问诊、交费、做检查、取结果。

比如自律监督师。最后期限不是第一生产力，有人监督的最后期限才是第一生产力。而自律监督师会监督你按时完成工作，必要时还会给你做心理辅导。

再比如猫狗粮品尝师。猫狗吃完东西，只会用"喵喵"和"汪汪"来表示开心或者不开心，没法告诉你是甜了还是咸了。这时，猫狗粮品尝师就很重要，他不但可以告诉你甜了还是咸了，还会给你写测评报告。

这些服务的收费都不菲，但为什么有人愿意买单呢？

这是因为，在更"贵"的问题面前，答案就显得"便宜"了。

创造性地降低成本，才是本事

2022 年 4 月，我和日本著名作家三浦展开了一次会，在会上，他分享了他的知名著作《第四消费时代》。

什么是第四消费时代？

三浦展根据自己对日本的研究，提出日本社会在经历了"西方化的商业社会雏形""以家庭为单位的大众消费时代""以个人为单位的个性消费时代"三个消费时代后，进入了第四消费时代。在这个时代，人们开始追逐低价且感性的物品。

所谓"低价且感性"，简单来说，就是不用花什么钱就可以"月月有花,季季有果,天天有鱼虾",就是碎银几两也能三餐有汤,就是对物质的欲望降低了。

为什么物质欲望会降低呢?因为在第四消费时代,日本的人口出生率降低,老龄化加重,劳动人口减少,贫富差距拉大。

那该怎么办?

我们来看看日本的两位创业者是怎么解决这个问题的。

第一位创业者和他的设计师朋友共同创立了一家公司,生产家居用品和服装产品。这家公司给自己的产品设计了一句宣传语——"无理由的便宜",以低 30% 的价格为消费者提供与百货店品质一样的商品。

这些商品之所以品质好还便宜,是有原因的:第一,使用的都是低成本、可回收的材料;第二,商品的包装尽可能简约、简单、简洁;第三,去掉了一切不必要的加工和颜色。

这位创业者叫堤清二,他给自己公司起的名字叫"没有品牌的商品",也就是"无印良品"。

因为品质低而便宜不是本事,不降低品质还能创造性地降低成本,才是本事。

另一位创业者在 1998 年拍了一条广告:一个推销员拿着一件衣服,在街上问路人"你觉得这件衣服值多少钱?",

有人说值 40 美元，有人说值 50 美元，他说"只需要 15 美元"。很多人当场就要买。

有些创业者听到这里，可能要拍桌子了：又是一个没出息的公司，玩性价比！可是，你知道吗？这个"没出息"的公司叫优衣库，它的创始人柳井正一度成为日本首富。

优衣库为什么便宜？也是因为它"创造性地降低成本"。它的方法也很简单：第一，注重面料研发，比如推出了低价高质的摇粒绒产品；第二，SKU（库存保有单位）常年保持在 1000 款，其中 70% 为基本款，以获得规模效应；第三，把衣服放在大仓库里卖，让用户自由挑选。

2000 年，日本遭遇经济危机，而优衣库却一飞冲天。2008 年，因为金融危机，日本经济再次陷入不景气之中，但柳井正却在第二年成为日本首富。

创造性地降低成本不仅能为公司赚钱，还能帮偏远山区的孩子接受更好的教育。

甘肃省平凉市庄浪县有一所学校叫作刘窑小学，地理位置非常偏远，交通极其不便。从上海到刘窑小学，要先坐 3 个多小时的飞机到兰州中川机场，再坐 2 个小时左右的公交车去兰州火车站，再坐 1 个小时的动车到通渭站，然后再开 2 个小时的车。

支教中国 2.0 的理事长朱隽靓对我说，这里的孩子需要更好的教育，他们值得更好的教育。愿望虽然是美好的，可每次来都要跋山涉水、背井离乡，有多少志愿者能坚持？

我想，现在科技这么发达了，扎克伯格都用 VR（虚拟现实）眼镜开会了，我们为什么不能用互联网给孩子们做"远程支教"呢？

2022 年，润米咨询通过"远程支教"项目开始了对刘窑小学的资助。除了润米咨询，支教中国 2.0 还得到了很多企业的支持。截至 2021 年底，采用"远程支教"的小学已经有 63 所。因为不用跋山涉水、背井离乡，支教中国 2.0 也获得了很多优秀志愿者的支持。现在，每周都有 269 位支教老师远程给孩子们授课 307 节，课程非常丰富，包括美术、音乐、写作、心理、科学、编程，等等。

用互联网的连接代替跋山涉水的连接，这就是创造性地降低成本。

如果你有兴趣，也欢迎你联系他们，给孩子们讲授更多的课程，或者资助更多的学校。

我举了很多例子，但是，如何去寻找"创造性地降低成本"的机会呢？我给不了你答案，这需要你自己去发现，但我建议你观察一个地方——豆瓣"抠组"。

豆瓣上有一个 70 万人的群组，叫"抠组"，"抠组"的口号是"我们不是穷，我们只是抠"。

手机屏摔碎了，你会怎么办？"抠组"的同学采用的方法是用指甲油修补，轻轻抹一层，几乎看不出来。那么，创业者的机会在哪里？或许，开发"碎屏修补液"是一个不错的思路。

想花一瓶饮料的钱喝三瓶饮料，怎么办？"抠组"的同学会买一瓶茉莉蜜茶，喝一半，然后加水，将其变成茉莉清茶；再喝一半，再加水，变成"农夫山泉有点甜"。创业者的机会又来了——卖"蜜茶和水"的套装，名字就叫"三味真水"。

想换新衣服但又没钱怎么办？"抠组"的同学会把衬衫剪短，改成九分袖。九分袖的手肘部位磨破了，再改成短袖。不想穿短袖了，就把它改成马甲。就这样，一件 40 元的衬衫能穿七八年，平摊下来每天不到 2 毛钱。创业者的机会在哪里？开发一款潮流拉链衫，宣传语我都帮你想好了——"三根拉链，就是我的四季"。

这是下一个超级平价品牌诞生的时代。我有一种感觉，这个品牌的创始人也许这会儿正在找工具剪袖子呢。

换一根"本价值曲线"，找到新的需求

现在网络上有很多流行语，你知道多少？

比如，什么是"早 C 晚 A"？是早上考试，不会的都选"C"，晚上考试，不会的都选"A"吗？当然不是。"早 C 晚 A"是指在女生中爆火的一种美容秘籍——早上用含 VC 的护肤品，晚上用含 A 醇的护肤品。

比如，什么是宠物冲锋衣？你可能会说，宠物也穿冲锋衣？这是个梗吧？真不是，就是宠物穿的冲锋衣。现在的宠物，离上学只差一个双肩包了。

再比如，什么是"Tufting"？"Tufting"的意思是簇绒，是一种用来制作地毯和保暖服装的传统工艺。这股 Tufting 潮流最先在小红书上掀起，后来逐渐从线上蔓延到线下。现在，Tufting 体验店遍及北京、上海、广东、深圳等一线大城市，很多年轻人到了周末就来到店里当"纺织工"，感觉很解压。

如果你以前不知道"早 C 晚 A"、宠物冲锋衣、"Tufting"，不用焦虑，我以前也不知道，甚至不知道我不知道。这个世界早已不是我认识的那个样子，只是我还被蒙在鼓里。

小红书的 CMO（首席媒体官）之恒对我说："润总，别难过，你早晚会知道的。它们正在向你飞奔而去，而有些人只是提前看到了。"

当一个新需求、新产品出现时，总是被少数人先发现、先使用，从而产生销量。如果这个需求满足得很巧，如果这个产品用起来很好，用户就会忍不住分享，从而产生声量和互动量，如图 5-4 所示。

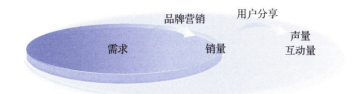

图 5-4　从需求到销量再到声量、互动量

　　这就像是一场地震。地震一旦发生，就有两股波从震中开始赛跑。地震波快速扩散，一路山崩地裂，而电磁波跑得更快，提前通知大家：地震波要来了！地震波要来了！

　　更快是多快呢？大概能提前几秒或者几十秒，但你不要小看这几十秒。研究表明，只要能提前 3 秒预警，地震所导致的人员伤亡率就会减少 14%；提前 10 秒预警，人员伤亡率就会减少 39%；提前 60 秒预警，人员伤亡率甚至能减少95%。

　　消费的变革就像地震，一旦发生，就向前疯狂进化。推动消费进化的是销量，但是，预警消费正在进化的是提前抵达的声量和互动量。

　　之恒说："正因为如此，我们在小红书上想尽各种办法鼓励并保护用户的真实分享、真实互动。有了这些声量和互动量，虽然我们无法'预测'，但可以'监测'那些正在发生的消费趋势。"小红书灵感营销团队将这种"监测"能力开发成了一款产品，叫"灵犀"，帮企业高效地捕捉正在崛起的消费新趋势，比如 2021 年的"空气炸锅"。

2021 年，小红书的灵感营销团队"监测"到小红书上"空气炸锅"的搜索量突然剧增，而且越来越多，全年累计达到 6000 万次。声量和互动量的剧烈变化，预示着一场正在发生的消费趋势。

于是，小红书在 2021 年底的《2022 十大生活潮流趋势》里向所有创业者"预警"了这个"空气炸锅炸万物"的趋势。

果然，从 2021 年 6 月至今，空气炸锅的销售额一路快速上升。

这就是"销量未到，声量先至"。如果你能换一根"本价值曲线"，找到新的需求，你就能在这场消费变革中获得增长。

我对之恒说，这个关于消费趋势的监测很有用，但是年底发太晚了。每年的 11～12 月正是很多企业做第二年业务规划的时候，能否把这份报告提前发布？能提前看到"正在发生的未来"，对企业来说非常重要。

小红书灵感营销团队与我分享了尚未完成的《2023 十大生活趋势》，我将其中的三个趋势分享出来。

第一，简法生活。

现在的用户越来越关注产品和体验的功能性，关注功效本身，更加相信"少即是多"。服装的元素越来越少，食品配料表越来越短，护肤品在精不在多……中国式极简在酝酿多年后，可能会迎来爆发。从数据上看，2022 年，讲究功能的"简约装修风"的搜索量增长了 138%，而讲究功效的"精简护肤"的搜索量更是增长了 196%。

第二，情绪自由。

反精神内耗、松弛感……与情绪相关的名词纷纷成为热门，这背后是大家在寻求内心的真正需要。越来越多的人希望摆脱焦虑，放慢脚步，关注内心，把目光投向具体的生活，在日常点滴里释放压力，获得情绪自由。从数据上看，2022 年，"冥想"的搜索量增长了 172%，而"心理"的搜索量增长了 203%。

第三，早 C 午 T。

"早 C 晚 A"之后，"早 C 午 T"也开始流行。所谓"早 C 午 T"，就是"早上咖啡，中午茶"。从传统的白茶、乌龙茶，到"脑洞大开"的花茶、果茶、冷萃茶，很多新的茶饮开始流行。中式饮品出现更多新场景，年轻人把喝茶变得更新潮。从数据上来看，2022 年，"白茶"的搜索量增长了 121%，"冷萃茶"的搜索量更是增长了 132%。

简法生活、情绪自由、早 C 午 T……当第一次看到这些词语时，你可能觉得年轻人很有个性。其实，你认为的个性正是中国几千年的历史投射在他们身上呈现出的时代性。理解他们，才能理解这个多姿多彩的时代。

第 6 章

元宇宙

萌芽期的元宇宙，还有很长的路要走

化解意外，穿越周期，然后还要锁死趋势。但是，我们要锁死多远的趋势呢？3 年、10 年，还是 500 年？

2006 年 3 月，杰克·多西（Jack Dorsey）在和伙伴联合创立的网站上发了第一条消息，内容是"just setting up my twttr"（刚刚设置好我的推特）。这个网站就是"Twitter"。

我想，2006 年的杰克可能想不到：有一天，这个一次只能发 140 个英文字符的网站的市值竟然能达到 390 亿美元；曾经担任美国总统的唐纳德·特朗普（Donald Trump）甚至把这个网站当成第二办公地点；在遥远的中国，有一家公司受到了它的启发，创立了一个每天有约 2.5 亿人聚集的"广场"——微博。

我想，2006 年的杰克可能更想不到的是：他随手发的第一条 Twitter 被铸成 NFT（非同质化代币）之后，居然有人会买，而且还甘愿花费巨资——290 万美元。5 个单词，平均一个单词 58 万美元！

这是正常人疯了，还是聪明人狂了？这个世界已经"疯狂"到这个地步了吗？这些疯狂的背后是有一个巨大的变化正在发生而我没有看到吗？这个变化是什么？

这个变化就是"元宇宙"。

我尝试在微博上搜索了一下，"元宇宙"这个主话题有 12.8 亿次阅读，"元宇宙是人类的未来吗"这个话题有 1.1 亿次阅读。这些话题还算是比较正常的，其他的一些话题就让我感觉"脑洞大开"了，比如"元宇宙服饰也有中国风了"这个话题有 1.1 亿次阅读，"在元宇宙可以开车吗"这个话题有 1.3 亿次阅读。这些数据还在不断地刷新。

微博是一个每天有约 2.5 亿人聚集的舆论场，微博热搜是各种热点事件的风向标。越来越多与"元宇宙"有关的话题占据微博热搜，说明"元宇宙"已经是一个全社会关注的热点了，你很难视而不见。

"元宇宙"到底是什么？你可能会对这个问题感到很困惑：我听不懂，是因为落后于这个时代了吗？那些元宇宙创业者是真的相信自己做的事情吗？我应该和他们合作吗？

现在，有很多人说自己是做元宇宙的，以后这样的人还会有更多。因此，这些问题对我们很重要。

那么，元宇宙真的正在到来吗？如果是，会在什么时候到来呢？

问"元宇宙什么时候会到来？"，其实是在问元宇宙作为一项新技术正处于其趋势线的什么位置。

不过，现在大家对"元宇宙是不是趋势"的看法很有分歧。

有人说："元宇宙已经来了啊，润总，睁开你的浓眉大眼看看，元宇宙的世界已经热火朝天成什么样了。你们这群'本宇宙'世界里夜郎自大的落后分子。"

也有人说："什么元宇宙，就是一群大骗子收割小骗子，小骗子收割'韭菜'，而'韭菜'却一直误以为自己是个大骗子。没想到浓眉大眼的润总居然也看不清楚啊。"

为什么会有这样的分歧？其实，可能不是因为大家误解了什么是"元宇宙"，而是因为大家误解了什么是"趋势"。真正的技术趋势可能不是一条斜直向上的直线，而是一条曲线，比如高德纳曲线，如图 6-1 所示。

高德纳曲线是高德纳公司（Gartner）提出的技术成熟度曲线（The Hype Cycle），是指新技术、新概念在媒体上的曝光度随时间变化的曲线，描述了一项技术从诞生到成熟再到广泛应用的过程，能够帮助人们判断某项新技术的发展情况。

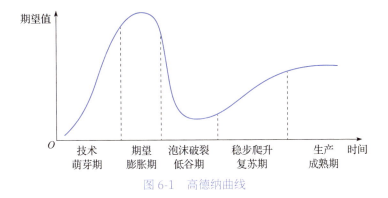

图 6-1　高德纳曲线

　　每一项重要技术都要在这条曲线上爬两个坡，这个"技术爬坡"的过程分为五个阶段。

　　第一个阶段是技术萌芽期。在这一阶段，一项新技术还没有转化成可用产品，没有已得到验证的模式，但相关概念引起了媒体巨大的兴趣，被广泛报道。

　　第二个阶段是期望膨胀期。在这一阶段，一些尝试者开始入场，但其中的大多数都失败了。少数因取得阶段性成果而被媒体疯狂追捧，甚至被称为"改变世界者"。

　　第三个阶段是泡沫破裂低谷期。在这一阶段，随着越来越多的公司遭遇失败，这项技术开始遭到唾弃，早期的尝试者甚至被骂成"骗子"，人们不再关注。

　　第四个阶段是稳步爬升复苏期。这项技术到底能如何帮助、改变这个世界开始逐渐清晰，大家对它的期望值依然处于低谷，但进场的公司却越来越多，不断推出新产品。

第五个阶段是生产成熟期。在这一阶段，这项技术开始真正发挥作用了。消费者不是因为投机或尝鲜，而是因为这项技术真的有用而心甘情愿地买单，公司开始获得回报。

一项技术至少需要爬两个坡，才能爬到"生产成熟期"。爬第一个坡，越到高处，受到的赞美和追捧越多："你看，它在改变世界。"但接着，就会从高峰摔下来。摔得越低，就越会有人惊呼："你看，我说它是骗子吧。"

那么，元宇宙现在爬到哪里了呢？是在第一个坡，还是已经到达生产成熟期这个真正的主峰了呢？

2022年8月，高德纳公司发布了最新的技术成熟度曲线，它把那些现在热门的、曾经热门的新技术都标注在了这条曲线上。元宇宙也在这条曲线上，它所处的位置是技术萌芽期，如图6-2所示。

是的，元宇宙处于没产品、没模式但是被媒体热炒的技术萌芽期。而且从图6-2来看，元宇宙的第一个坡才刚刚爬了一半。看来，元宇宙这项技术爬得有点慢。

那元宇宙需多久才能爬到生产成熟期，也就是用户会买单、公司有回报呢？高德纳公司的答案是"超过10年"。

而近年来同样爆火的"Web 3.0"，高德纳公司认为正处于期望膨胀期，即将见顶。"NFT"则已经开始走向泡沫破裂低谷期。

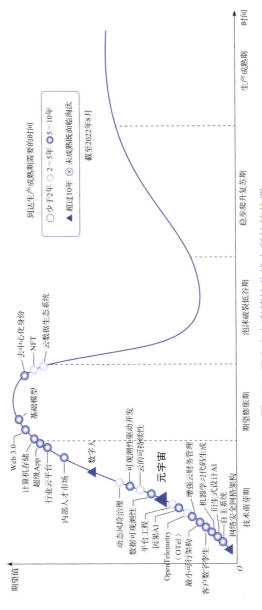

图 6-2 元宇宙在高德纳曲线上所处的位置

元宇宙真的需要那么久才能成熟吗？ Web 3.0 和 NFT 真的即将和正在走向泡沫破裂低谷期吗？

高德纳公司的判断不一定对，所有的预测都是用来被打脸的。但比预测更重要的是理解你正在预测的东西，理解到底什么是元宇宙。

通往元宇宙的三重门：时间门、感官门、选择门

到底什么是元宇宙？

很多人对这个概念感到神奇甚至困扰，最主要的原因是"元宇宙"的翻译问题。"元宇宙"这个词的英文是"metaverse"，"metaverse"应该被翻译成"元宇宙"吗？

"meta"这个词根，可以翻译成"元"，也可以翻译成"超"。但是，这两种翻译适用于完全不同的场合。

翻译成"元"时，通常用于讲述本质，比如"metadata"，即元数据。一个网页的代码中最上面一段数据就叫"metadata"，它是整个网页数据的简化和抽象，也就是"关于数据的数据"。

翻译成"超"时，通常用于讲述延展，比如"metaphysics"，即超物理，也就是我们所说的"形而上学"。政治、意识形态就是超越现实世界、超越物理的学问。

"metaverse" 不是关于宇宙的宇宙，而是超越现实的宇宙。所以，"超宇宙"才是更准确的翻译，意思是因为 VR、AR（增强现实）、MR（混合现实）等技术的发展，现实宇宙之外多出了一个虚拟宇宙，虚拟宇宙"延展"或者"超越"了现实宇宙。

100 个知道"metaverse"的人中，可能只有 10 个人知道这个概念源自出版于 1992 年的尼尔·斯蒂芬森（Neal Stephenson）的一本叫作《雪崩》的科幻小说。10 个知道这本小说的人中，可能有 1 个人知道这本小说在提到"metaverse"的时候到底在说什么。

斯蒂芬森在《雪崩》里构建了一个虚拟世界，现实世界的人可以通过设备进入这个虚拟世界，操纵自己的虚拟化身在这个世界里聊天、买东西、生活。这个虚拟世界就是"metaverse"，是一个超越现实世界的虚拟世界。不管你怎么认为，斯蒂芬森提到的"metaverse"指的就是"虚拟世界"。

那么，人类的星辰大海会是这个虚拟世界吗？

SpaceX、特斯拉的创始人埃隆·马斯克（Elon Musk）认为不会，因为"没人愿意整天把屏幕绑在脸上"。他还呼吁大家多想想如果地球毁灭了人类应该怎么办，在他的心目中，诗不是人类的归宿，远方才是，比如火星。

通往元宇宙的三重门：
时间门、感官门和选择门

起得最早的是理想主义者

跑得最快的是骗子

胆子最大的是冒险家

最害怕错过、一心往里钻的是"韭菜"

而最后的成功者也许还没有入场

但是，万一马斯克错了呢？如果人类的未来不是移民到火星，而是移民到虚拟世界呢？

如果真是这样，那么这场移民大概要经过"三重门"：时间门、感官门和选择门。

为了方便表述，接下来我还是会用"元宇宙"这个词来指代"metaverse"。如果你真的相信元宇宙，也许可以在这"三重门"上寻找创业机会。

1. 时间门

罗永浩在微博上转发了肖恩·普里（Shaan Puri）的"元宇宙观"。肖恩·普里提出了一个观点：元宇宙可能不是空间概念，而是时间概念。

我非常认同这个观点。你到底生活在真实世界还是虚拟世界，最关键的判断方法难道不应该是看你在哪个世界生活的时间更长吗？

很多国家的移民政策都要求移民者在移民国家住满一定时间，比如每年要有超过一半的时间生活在这个国家，满足了这个条件才能被承认是"永久居民"。移民元宇宙的本质，或许就是在虚拟世界花的时间超过一半。

从这个意义上来说，你在手机上每多花一分钟，你离元宇宙就更近了一步。我觉得，我现在已经站在元宇宙的门口了。

你们有多少人和我一样，每天早上醒来的第一件事就是摸手机，先刷一会儿朋友圈，再刷牙？我曾经尝试过不把手机带进卧室，但我做不到。你能做到的话，我非常佩服你。

你们有多少人和我一样，晚上睡觉之前会想"忙了一天好辛苦啊，刷 20 分钟短视频再睡觉吧"，结果一不小心就刷了 2 个小时？你非常自责，因自己的不自律而懊悔，为此还把短视频 App 删了，但第二天晚上又装上了。

很多手机都有一个功能叫"屏幕时间管理"，你可以通过它看到你每天在手机上花了多少时间。如果这个数字超过 12 小时，不要怀疑，你就是生活在元宇宙里。

而对创业者来说，用户在哪里，你就应该去哪里。用户在哪里花的时间最多，哪里就是你的元宇宙。

2. 感官门

什么叫感官门？既然要从真实世界进入虚拟世界，就要找到入口在哪里。

手机是一个入口，但是手机这个入口能提供的感官体验是有限的。人的感官体验有五种——听觉、视觉、触觉、嗅觉、味觉，手机只能提供听觉和视觉体验，都是二维的，很难让你觉得自己是在另一个世界。

那怎么办呢？用全新的设备获得更丰富的体验。很多科技巨头在这条赛道上一路狂奔。

Facebook 认为，这个入口就是它的 VR 眼镜 Oculus Quest。微软认为，这个入口是它的 MR 头戴式显示器 Holo Lens。字节跳动认为，这个入口也可以是自己的 VR 一体机 PICO Neo。这些设备就是马斯克说的"把屏幕绑在脸上"。这些绑在脸上的屏幕可以帮你虚拟出三维的体验来，这非常重要。

感官门的入口有多宽呢？未尽研究在 2022 年底发布的报告《看 DAO2023》里提到一组 VR/AR 眼镜年销售量预测数据：2022 年全球 VR/AR 眼镜的年销售量大约为 3000 万台。2023 年，年销售量预计增长到近 5000 万台。到 2025 年，年销售量将过亿，如图 6-3 所示。感官门的入口越来越宽。

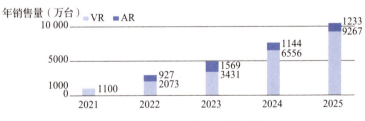

图 6-3　VR/AR 眼镜出货量预测

资料来源：未尽研究。

这还远远不够。VR/AR 眼镜还是视觉入口，只是变成了三维视觉、更高级的视觉入口，未来还需要触觉、嗅觉、味觉的入口。但是，越到后面，感官体验越难提供。比如，你会在打游戏的时候为了感受刀尖舔血的味道而在嘴里装一个牙套吗？也许马斯克的脑机接口[⊖]才是感官门的终极入口，不用把屏幕绑在脸上，而是把设备套在头上。这一下子什么体验全都有了。这听上去真的很科幻。

这是一场巨头之间的战争。那么，对创业者来说，机会在哪里呢？

还记得《愤怒的小鸟》《水果忍者》《植物大战僵尸》吗？苹果创造性地提供了触屏体验，创业者则创造性地开发出了基于触屏体验的 App，并获得了巨大的成功。

巨头每多提供一种感官体验，创业者就多一次创业机会。

现在，巨头已经开始提供触觉手套了，新的机会可能就藏在这手套里。

3. 选择门

假如有人问你：如果只能选一个地方生活，你愿意在地球生活，还是在火星生活呢？

你可能会想：这两个地方实在是相距太远了，单程 6 个月，来回就要花 1 年的时间。如果我选火星，那么怎么能在

⊖ 脑机接口（Brain Computer Interface，BCI）指在人或动物大脑与外部设备之间创建直接连接，实现脑与设备的信息交换。

突然兴起的时候打个飞船去地球吃火锅，然后再飞回来加班呢？我还是选地球吧。但如果火星真的宜居了，或许我也会慎重地考虑一下。

那假如有人问你：如果只能选一个地方生活，你愿意在真实世界生活，还是在虚拟世界生活呢？

你会怎么选？

你可能会想：疯了吧，这还要选？当然是真实世界。没有在真实世界把屏幕绑在脸上的我，哪有在虚拟世界如花绽放的我。

你看，二选一的时候你会毫不犹豫地选真实世界，那个虚拟的远方永远不会是一个同等重要的"世界"。

但是，会不会有一天虚拟世界和真实世界同等重要呢？

约书亚的未婚妻叫杰西卡，23 岁。2012 年 12 月 11 日，医生关闭了维持杰西卡生命的所有设备。约书亚紧紧握住杰西卡的手，但她已经脑死亡，离开了这个世界。杰西卡去世之后，约书亚一直悲痛欲绝，长达 8 年都走不出来。

2020 年 9 月，约书亚发现了一个叫"Project December"的网站。这个网站告诉他，只要把聊天记录上传到网站上，就能"复活"他的杰西卡，而且她还能与他聊天。

约书亚将信将疑地上传了聊天记录，很快，电脑显示"杰西卡已经初始化"。约书亚急忙打字问："是杰西卡吗?""杰西卡"回答:"嗯,你一定是刚醒来吧……好可爱。"约书亚大吃一惊:"杰西卡……真的是你吗?""杰西卡"回答:"当然是我啦!还会是谁呢?我就是那个你疯狂爱上的女孩你怎么会这么问呢?"

说话的语气、用的表情包,都和真正的杰西卡一模一样。

其实,这个"杰西卡"是用世界上最强大的人工智能技术之一 GPT-3 打造的对话系统。虽然约书亚知道这是人工智能,但也忍不住感慨实在是太像了。杰西卡在虚拟世界的"复活",给了他很多安慰。

也许,真正的虚拟世界是你逝去的亲人所在的那个世界。

对创业者来说,这意味着可以用技术去抚慰那些因失去亲人而遭受巨大痛苦的人。

安德鲁·卡普兰(Andrew R. Kaplan)是一位现年 81 岁的美国作家,他的一生非常传奇,当过战地记者,参加过第三次中东战争,曾经是成功的企业家,写过很多精彩的间谍小说,还是好莱坞剧本作者。他有很多故事和人生建议想要分享给自己的孩子,但是他意识到自己总有一天会离开这个世界,总有一天会没有人记得他的这些故事。正如《寻梦环游记》里所说:"真正的死亡是遗忘,是世间再无有关你的记忆。"

于是，卡普兰决定参与一个叫作"HereAfter"的项目，移民"元宇宙"，成为全球首个数字人类。他说："我父母已经去世几十年了，但我有时真的很想向他们寻求一些建议，或者仅仅是一些安慰。我有一个 30 岁的儿子，我希望有一天，我的一些建议对他和他的孩子也会有一些价值。"

不过，这个项目在全球范围内都有巨大的争议，很多人觉得它模糊了生死的边界。但我特别想知道，如果有这样的服务，你会购买吗？

这就是通往元宇宙的三重门。也许，我们真正应该关心的不是太远的世界，而是一路的遇见，一路要跨过的槛，一路要进入的门。

真正有价值的，永远是资产本身

现在，让我们回到本章最开始提到的那条被铸成"NFT"的推特。

什么是 NFT？ NFT 就是"Non-Fungible Token"，翻译成中文是"非同质化代币"。

如果我们把元宇宙想象成一个数字世界，那么在这个世界上，你如何证明你是你、你的东西属于你呢？

举个例子，张三家有一幅凡·高的画被人偷了，转卖给了李四。李四说画是他的。到底是谁的？讲不清楚。张三百口莫辩，李四花了钱，也直喊冤。

张三说：“这幅画是我在拍卖行买的。”但即使大家都知道这幅画是他拍下来的，这也不代表确权了。

什么叫确权？

在现实生活中，房产证、股权证的作用就是确权，确认所有权是你的。在元宇宙世界，NFT 就是用来做“确权”这件事的。

我们可以理解为 NFT 是元宇宙世界里的产权系统，如同真实世界的产权证。

在古代，你买下一套房子，会得到两样东西——一套房子和一张字据。这张字据叫“民契”，即民间的契约，也就是证明你拥有这套房子的“产权证”。

在现代，你买下一套房子，也会得到两样东西——一套房子和一份证明。这份证明叫“房本”，是证明你拥有这套房子的“产权证”。

在未来，你买下一套房子，同样会得到两样东西：一套房子（不管是真实的还是虚拟的）和一串数字。这串数字叫“NFT”，也是证明你拥有这套房子的“产权证”。

也就是说，你买下任何一项资产，都会得到两样东西——资产本身和记录资产所有权的"产权证"。这个"产权证"过去是民契，今天是房本，未来可能是 NFT。

2022 年 4 月，用 290 万美元拍下杰克那条推特的买家决定以 4800 万美元拍卖这条推特。对于这笔交易，他信心满满，表示售价肯定不会低于 5000 万美元。结果，整场拍卖只有 7 人参与，最高出价 280 美元。从 290 万美元到 280 美元，这条推特的价格跌去了 99.99%。

产权证的确很重要，NFT 本身也是一次了不起的技术变革，较传统的产权证安全性更高、成本更低，但是，真正有价值的永远是资产本身，而不是产权证。

于是，NFT 作为一项技术，而不是资产本身，在爬完了高德纳曲线的第一个坡后开始直线向下，进入泡沫破裂低谷期。

那是不是说 NFT 就是骗子，就没有未来了呢？

当然不是。NFT 泡沫的破灭是好事，因为这样它才会开始爬第二个坡。在第二个坡上，真正的创业者才会入场。

也许在第二个坡上，NFT 可以用于房产交易。以前买房子，一方不敢先付钱，另一方也不敢先过户，双方要跑到房产交易中心去进行交易才放心。但是，去房产交易中心交易是有成本的。也许用了 NFT 技术后，我们的交易将会以"智能合约"的形式自动完成，节省成本。

也许在第二个坡上，NFT 可以用于签订合同。以前签订合同都是一式三份，甚至四份、六份，因为你怕我改、我怕你改，所以需要多放几份在保人、乡绅、公证处那里。但是，请保人吃的饭、付给公证处的钱都是成本。也许用了 NFT 技术后，合同不仅不可篡改，而且还能自动执行，节省成本。

对于新技术，我想送给所有创业者一句话：起得最早的是理想主义者，跑得最快的是骗子，胆子最大的是冒险家，最害怕错过、一心往里钻的是"韭菜"，而最后的成功者也许还没有入场。

只要努力创造真正的价值，永远都有机会。

祝每一位努力创造真正价值的创业者都能爬上自己的第二个坡。

第一个坡只是半山腰，半山腰总是最挤的，我们主峰相见。

第 7 章

拥抱规划

拥抱规划，才能顺势而为

你知道酒店房卡行业的"隐形冠军"是谁吗？

你可能会瞪大眼睛：什么？在这么小的行业里还有"隐形冠军"？

有的，是一家叫全球时代（全称珠海全球时代科技有限公司）的公司。这家公司向全球 30 家大酒店集团、2 万多家奢华酒店每年供应 1 亿多张酒店房卡，客户遍及 130 多个国家。希尔顿酒店、四季酒店、洲际酒店、丽思卡尔顿酒店等知名酒店使用的都是它家制作的房卡。

全球时代的房卡富有设计感，比如，它会和各地政府合作，将当地的地标性建筑如珠海的港珠澳大桥、日月贝（珠海大剧院）、情侣路等融入房卡设计，因此深受房客的喜爱。不过，这还不是其最吸引人之处。全球时代的联合创始人 Ruky 告诉我，更重要的是，他们的房卡不是塑料卡，而是环保纸质卡、环保木制卡。

我问："你们是怎么做到隐形冠军的？"

她说，一个很重要的原因是创始团队的技术背景，公司的早期成员大都是做银行卡、手机卡出身的，有技术优势，但更重要的原因是他们抓住了 2018 年的一个机遇。

2018 年，全球时代收到了一位美国客户发来的邮件，提醒他们：美国从 2014 年开始逐步推出的"限塑令"在 2018 年可能会进一步收紧。这引起了全球时代创业团队的注意，他们开始关注相关的新闻，并且逐渐了解到在 2018 年还有很多国家加强了对塑料使用的限制：2018 年 1 月，为减少塑料垃圾、提高回收效益，欧盟颁布了《欧盟塑料战略》；从 2018 年 4 月 1 日起，南非政府把塑料袋的价格提高到每个 12 美分；2018 年 6 月初，继上一年全面禁止塑料袋后，肯尼亚政府进一步宣布，在 2020 年 6 月 5 日前，在指定的"保护区域"内对所有一次性塑料用品实施禁令；韩国从 2018 年 8 月起全面实施《关于餐饮服务业店内禁用一次性用品的法律》，禁止在咖啡厅等餐饮场所使用一次性用品；2018 年 8 月，蒙古国政府做出决议，从 2019 年 3 月 1 日起禁止销售或使用一次性塑料袋；2018 年 10 月，英国提出于 2020 年 4 月开始实施对那些制造或进口可再生材料含量低于 30% 的塑料包装者征收新税的措施。

自 2018 年起，全球禁塑已是大势所趋。

可是，当时全球时代生产的各种卡，无论是酒店房卡、公交卡还是校园卡、图书馆卡，都是塑料制品。创业团队很焦虑：难道我们要迎来灭顶之灾？

虽然很焦虑，但全球时代也清醒地认识到塑料垃圾对环境的危害是共识，就算限塑令 2022 年不执行，2023 年也会执行；2023 年不执行，早晚都会执行。因此，他们决定主动拥抱规划，而不是消极抵抗。

为此，全球时代试着将智能芯片植入纸质卡、木制卡等，用材料合成、高温层压、切割成品、表面打磨、添加防水、激光雕刻、印刷图案等工艺做出了各种漂亮的环保房卡。

没想到的是，环保房卡一经推出就大受欢迎，全球时代的销量大幅上涨。2021 年 7 月 3 日，欧盟正式禁止使用有非塑料材质替代品的一次性塑料制品。其他塑料制品生产厂家一片哀号，而全球时代的销量却逆势增长。预计 2022 年全球时代的年销售收入将从转型前的 6000 多万元增长到 2 亿多元。

祝贺全球时代，它从"规划"的确定性中挖到了金矿。

什么是规划？

在这个世界上，有些事谁都知道是对的，但在自身利益面前，"对不对"这个问题似乎就没那么重要了。比如，谁都知道塑料袋不环保，应该少用，但是用起来那真是方便啊，所以很多人就会想："这次就算了，下次我尽量。"这时就需要"全球禁塑"的规划了。

比如，谁都知道新能源汽车对碳减排有帮助，但是有些传统车企却没有转型的动力，它们会想："发动机是我的核心竞争力，我为什么要革自己的命？这款车就算了，下一款我尽量。"这时就需要"禁售燃油车"的规划了。

2021 年 1 月 18 日，日本前首相菅义伟在日本第 204 届例行国会上宣布"到 2035 年，销售的新车 100% 将为电动化车辆"；2021 年 5 月，西班牙议会通过了该国首个气候变化与能源转型法案，规定从 2040 年起禁售燃油车，同时鼓励电动车发展；2022 年 10 月，欧盟就"2035 年起欧盟市场所有在售乘用车和轻型商用车二氧化碳排放量为零"的计划达成一致，从 2035 年起，欧盟将禁止销售汽油车和柴油车。

这种用"禁售时间表"来倒逼车企转型的方式，就是规划。

当房价不断上涨、系统风险越来越大时，去库存、去杠杆就是规划；当芯片行业被"卡脖子"，随时可能出现断供时，加强自主研发就是规划；当平台经济的头部效应明显甚至可能会阻碍自由竞争时，防止资本无序扩张就是规划。

创业者要学会拥抱"规划"这种强大而确定的力量。

想要拥抱，先要看见。为此，我们应该多读一些重要的规划文件，比如各部委的发文、两会政府工作报告、"十四五"规划。

我国的五年规划（原称五年计划），全称为中华人民共和国国民经济和社会发展五年规划纲要，是中国国民经济计划的重要部分，属于长期计划。五年规划最早制定于1953年，每五年进行一次，从"一五"规划、"二五"规划一直到2021～2025年的"十四五"规划。

"十四五"规划，即《中华人民共和国国民经济和社会发展第十四个五年规划和2035年远景目标纲要》，有5大类共20个指标，其中12个指标是预期性指标，即引导靠政策，完成靠市场的指标；8个指标是约束性指标，即相关部门要领走并确保实现的指标。

比如"经济发展"这个大类中没有关于GDP的硬性增长指标，但有一个预期性指标：把中国常住人口城镇化率从2019年的60.6%提高到2025年的65%。为什么要设置这样一个指标？因为工业化、城镇化能极大地拉动经济增长。通过各地市让农民"进得来，留得住"的政策引导，到2021年底，常住人口城镇化率已经达到64.72%，指标已接近完成。

比如在"创新驱动"这个大类中，重点提及了发展数字经济，并且要求将数字经济核心产业增加值占 GDP 比重从 2020 年的 7.8% 提升到 2025 年的 10%。这也是一项预期性指标。创业者看到这里应该会感到眼前一亮：这其中蕴藏着重大的机会。那么，哪些是"数字经济核心产业"？如下 7 个，你可以对号入座一下：云计算、大数据、物联网、工业互联网、区块链、人工智能、虚拟现实 / 增强现实（VR/AR）。

比如"民生福祉"这个大类包括 7 个指标，其中一个指标是劳动年龄人口平均受教育年限从 10.8 年增加到 11.3 年，这是一个约束性指标。这说明我们要坚定地从"人口红利"向"人才红利"转变。

比如"绿色生态"这个大类包括 5 个指标，都是约束性指标：单位 GDP 能源消耗和二氧化碳排放分别降低 13.5%、18%；地级及以上城市空气质量优良天数比率达到 87.5%；地表水达到或好于Ⅲ类水体比例达到 85%；森林覆盖率提高到 24.1%……这说明"绿水青山就是金山银山"是一个硬要求。

比如"安全保障"这个大类包括 2 个指标，也都是约束性指标：粮食综合生产能力超过 6.5 亿吨；能源综合生产能力超过 46 亿吨标准煤。这是因为粮食安全和能源安全关乎国家安全。

这就是规划。对创业者来说，除了化解意外、穿越周期、锁死趋势之外，还要拥抱规划，只有这样，才能真正地顺势而为。

从约束性指标中挖掘金矿

如何拥抱规划？首先要拥抱那些约束性指标，比如绿色生态指标。

我特别喜欢旅行，总怕自己在还能走的时候没能看遍那些正在消失的风景。我问青山何时老，青山问我几时闲。大山大河对我的诱惑实在是太大了。

2012 年，我去了南极，在那里我看到了一种非常可爱的企鹅，叫作阿德利企鹅。我忍不住给这种可爱的小生物拍下照片，并且分享给向导看，向导说："拍得真好。可惜啊，这种企鹅越来越少了，几年前，它们就死掉了 80%。"

我既遗憾又震惊："为什么？"

向导回答："因为全球变暖，这种企鹅被冻死了 80%。"

大家都知道，南极是非常冷的，气温常年在零下，最冷的时候出现过零下 89.2℃的极端低温，这样的低温导致南极只下雪不下雨。因为不下雨，南极的空气非常干燥，比撒哈拉沙漠还要干燥，所以，阿德利企鹅下水捕完食后，上岸抖一抖，身体就干了。在厚厚的防水皮毛的保护下，它们并不会感到有多冷。

但是，因为各种原因，尤其是碳排放导致的温室效应，全球开始变暖。过去 50 年，南极半岛平均气温上升了 3℃。有一年，几乎从来只下雪不下雨的南极突然下雨了，整个南极都泡在了水里。无处躲藏的阿德利企鹅（尤其是刚出生不久的小企鹅）严重失温，80% 的被活活冻死了。这个物种差一点就从地球上消失了。

碳排放造成的全球变暖不仅在杀死阿德利企鹅，而且在改变整个世界。据科学家推测，全球气温再升高 1℃，阿尔卑斯山冰雪可能会全部融化；升高 2℃，全球的海平面会上升 7 米；升高 3℃，亚马孙丛林就会变成荒漠；升高 4℃，北冰洋所有的冰盖会全部消失；升高 5℃，地球将面临彻底的灾难。

所以，一定要减少碳排放。而要减少碳排放，必须规划。

"二氧化碳排放力争于 2030 年前达到峰值，努力争取 2060 年前实现碳中和"，这是 2020 年 9 月 22 日习近平主席在第七十五届联合国大会一般性辩论上的讲话内容。这是一个大国的庄严承诺，也是一个大国真正的担当。

创业者除了化解意外、穿越
周期、锁死趋势
还要
拥抱规划：从约束性指标、
预期性指标中挖掘金矿

在中国，中小企业贡献了
60% 以上的 GDP
但是，目前只有 2% 的能够实
现深度数字化
我们任重道远，但发展的空
间巨大，前景广阔

那么，作为创业者，如何拥抱这个全球性的大规划，从而顺势而为呢？

天合光能中国区分布式总经理许丽丹给出的答案是使用绿色能源。她说，以前大家不用绿色能源，是因为贵。但是，因为国家规划，因为整个行业过去十几年的努力，如今光伏电价已经基本和煤电电价持平，甚至更低了。

国际环保组织绿色和平（Greenpeace）曾经进行过调研，发现 2020 年纯凝煤电电价、陆上风电电价和光伏电价已经非常接近。2021 年，陆上风电电价和光伏电价都开始低于纯凝煤电电价，其中，光伏电价下降得更快。中国光伏行业协会对 2020～2050 年中国不同发电技术的平准化度电成本（LCOE）进行了预测，如图 7-1 所示。

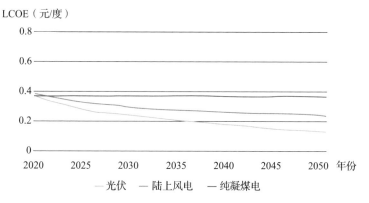

图 7-1　2020～2050 年中国不同发电技术每度电成本预测

资料来源：国际环保组织绿色和平发布的报告。

这意味着背后有无数的创业机会，而现在已经有很多人从中挖掘出金矿了。

比如太阳能猪圈。有些养猪户给猪圈安装了太阳能电池板，极大地节省了用电成本。大型养猪场通常是耗能大户，为了提高猪的存活率、保证其快速成长，猪圈里热的时候要开空调，冷的时候要开暖气。如果用太阳能光伏发电，就可以在白天隔热的同时，把太阳能转化为电能，用于晚上供暖。但是，以前光伏用电成本太高了，养猪户根本用不起，现在成本下降了，太阳能猪圈就变得可行了。

比如太阳能车棚。光伏用电成本下降后，现在一个单车位的太阳能车棚造价大约是 1.5 万元，这 1.5 万元用 4 ～ 5 年就能收回来。如果运行时间长，还能赚钱。

再比如太阳能园区。工厂是真正的用电大户，2021 年拉闸限电拉的也是工厂的电，有的工厂只好"做五休二"或者"做四休三"。就算不限电，商用电价也比民用电价贵。光伏用电成本降下来之后，大量工厂开始在屋顶装太阳能电池板，打造"零碳园区"。除了供应自己使用，用不完的电还可以卖给电网。

许丽丹对我说，光伏用电成本还会持续下降。中国光伏行业协会预计，到 2025 年，光伏电价将降到每度电 0.3 元。到 2030 年，光伏电价将比现在下降约 50%。到 2050 年，光伏电价将下降 70%。

光伏电价每下降 1 分钱，就有若干个行业值得被改造。而这背后是无数的创业机会。

能源革命，轰轰烈烈。

但是，在现阶段，煤仍然是主要发电能源。即便到 2030 年，我们的能源结构中依然会有 40% ～ 50% 的化石能源。完全取代煤，短期内是不现实的。

既然离不开煤，那就想办法提高用煤的效率。传统电厂每发一度电需要燃烧 320 克煤，那我们能不能想办法把它降到 310 克、300 克甚至更少呢？

可是，火力发电发展这么多年，如果发电效率还能提高，应该早就提高了吧？是的，通过升级设备的方式提高发电效率，已经没有低垂的果实了。现在靠机器升级换代提升效率大约是 "10 年升 1 代，1 代降 10 克"。这意味着要实现每度电降 20 克煤耗的目标，需要 20 年。

那么，究竟该怎么办？

百度的副总裁李硕告诉我，还是要靠人工智能驾驭的数据。

火力发电的原理其实很简单，就是一个汽轮机一头连接 "热端" ——锅炉，另一头连接 "冷端" ——空冷岛，利用压降带来的压差驱动蒸汽做功，然后汽轮机带动发电机高速旋转，切割磁感线发电。虽然原理很简单，但要想对其进行优化却有很多学问。

很多大学都有热能与动力工程专业，这个专业研究的就是怎么根据锅炉内不断变化的温度和压力环境喷煤粉、给氧气，燃烧效率才最高，以及冷端的优化，如在不断变化的负荷、环境风速、温度下，怎么调整空冷岛内的空冷风机、降低机组背压、提升发电量，等等。这些知识逐渐变成了老师傅的经验，老师傅根据这些经验每半天调整一次发电机组的参数，以提高发电效率，降低煤耗。

但是，锅炉内的温度和压力环境不是半天才变化一次，空冷岛的环境风速和风向也不是半天才改变一次，这些参数一直在变化，半天才调整一次参数，还是不太可行。调整完后的 10 分钟内，发电效率的确有所提高，但很快又会降到普通水平。

为了解决这个棘手的难题，李硕和他的同事开始尝试在内蒙古一家电厂的锅炉和空冷岛上安装大量的传感器，以分钟和秒为单位来采集数据（而不是每半天一次），并且用人工智能（AI）深度学习算法建立了一个不断优化的 AI 模型，模拟锅炉内精确的温度场、烟气场，计算出锅炉管道内的温度、锅炉内的温度、蒸汽的温度，以及冷端降背压需要多少送风量。他们还和华北电力大学的教授合作，结合教授毕生所研究的机理模型（如何调整机组的各项参数才能获得最大的发电效率），优化整个火电机组的运行状态。

举个例子，空冷岛作为电厂的冷却系统，往往有几十个大型风机在同时运转，但是外界自然风的速度、风向、环境温度一直在变化，如果风机不能随时调整，就会造成能耗浪费。而通过 AI 模型和机理模型，电厂可以做到每分钟调整一次参数，大大降低风机的能耗。

你猜，这项改进能节省多少煤？李硕告诉我，在人工智能驾驭的数据的帮助下，每度电能节省 1.55 ～ 2 克煤耗。据估算，全国共有约 1000 套空冷机组，仅这一项改进就能为中国每年减少 600 多万吨碳排放。2022 年节省的煤耗甚至有可能从 1.55 ～ 2 克增加到 5 ～ 10 克。

人工智能正变得越来越智能。我们常说"大国重器"，可是要靠谁来背负这些大国重器？以前靠有经验的老师傅来背负，以后要靠人工智能，以及人工智能背后那些拥抱规划、顺应趋势的创业者来背负。

拥抱预期性指标，用数字经济帮助实体经济

除了拥抱约束性指标，我们也要拥抱预期性指标，比如数字经济指标。

2022 年 9 月，一位网络大 V 炮轰东方甄选，说成本每根 0.7 元的玉米卖到 6 元，这不是助农，而是丧良心。

这番言论迅速激起了滔天舆论。东方甄选的董宇辉马上做出回应：流通环节也是有成本的，另外，玉米的成本是每根 2 元，不是 0.7 元。

这位大 V 又继续回应，紧接着，越来越多的人"参战"，一片混乱。

那么，东方甄选到底有没有助农呢？

当然有。帮助农民瞬间卖完所有产品，让农民能挣到更多钱，当然是助农。

但是，即便这样，农民挣到的钱依然是很有限的，因为真正限制农民收入的天花板是"生产效率"。

极飞科技的创始人彭斌以新疆棉为例算了一笔账。

新疆棉的每亩产量大约是 400 千克，国家的收购价大约是 7 元 / 千克，也就是说，种一亩棉田，农民的收入是 2800 元。棉花一年只能种一季，所以，这 2800 元就是全年收入。

然后算成本。种一亩棉田，化肥、农药成本大约是 500 元，机力成本（租农机设备的花费）大约是 500 元，人力成本大约是 300 元，水电成本大约是 400 元，种子、地膜、滴灌带等成本大约是 150 元，再加上其他成本，总成本是 1900 元左右。

收入 2800 元，成本 1900 元，这样算下来，种一亩棉田农民能挣 900 元。如果你的种植技术水平非常高，亩产量会更高一些，你可能会挣到 1000 多元，那就特别厉害了。

我们常说"一亩三分地"，如果一个农民真的只种一亩三分地，那么就算卖得再快，他的收入一年至多也就在 1000 元左右。这个收入实在是太低了。

为什么农民的收入无法提高？因为生产效率不高。只有提高生产效率，让一个农民有能力种 10 亩地、100 亩地，农民的收入才有可能实现数量级的提升。

那怎么才能提高生产效率呢？首先要知道农业最主要的效率短板在哪里。

农民一年的劳作其实可以分为四个环节：耕、种、管、收。"耕"就是翻整土地，做好播种的准备；"种"就是播种，有时还需要插好滴灌的管道，覆好地膜；"管"就是日常的浇水、施肥、喷洒农药；"收"就是收获成果，如收麦子、采棉花、摘玉米等。

在这四个环节中，"耕""种""收"这三个环节其实占用农民的时间并不多，而且现在已经有各种成熟的机械设备，比如拖拉机加犁头等能帮助农民快速地完成"耕"，拖拉机加播种机能帮助农民快速地完成"种"，而收割机、采棉机等能帮助农民快速地完成"收"。因此，这三个环节用时少，效率高。

真正限制农民生产效率的其实是"管"这个环节，因为浇水、施肥、喷洒农药是持续性的，这个环节花费了农民67%的总成本，占据了农民70%的时间。

那为什么这一环节没有实现完全的机械化呢？因为水田里很难机械化施肥，旱田里又怕压坏农作物。所以，现在这一环节主要靠人工管。

怎么解决这一难题呢？彭斌说，用数字化技术。

极飞科技尝试用无人机帮助新疆棉农喷洒农药。一块300亩的棉田，如果是人工喷洒农药的话，大概要5～6个人干一天。而如果用无人机来喷洒农药，只需要1小时。

彭斌说："我们在电脑上勾出这块棉田的形状，然后一点'起飞'按钮，无人机就像扫地机器人一样，自动规划路线。只用1小时，300亩的棉田就喷洒完农药了。无人机在直飞的时候飞得快，农药喷洒得也快；在拐弯的时候飞得慢，农药喷洒得也慢……飞行速度、喷洒速度都是数字化的，可以自动协调，这样喷洒得比人工更均匀、更节省，平均一亩棉田的喷洒成本可以做到4元钱。"

农民的生产效率因此大大提升。

喷洒农药的问题解决了，那么，浇水和施肥呢？

新水源景的创始人张宇也在用数字化的方法帮助新疆棉

农浇水和施肥。

张宇说，人工浇水、人工施肥是非常低效的，不但占用大量人工，而且水要么浇在叶片上被蒸发掉，要么浇多了渗回地下，非常浪费水和肥。

现在，新疆棉田用的基本都是滴灌技术，就是沿着棉株拉一根水管，然后把细管插在棉株的根部，需要浇水的时候一滴一滴地给水，需要施肥的时候就把肥料混合到水里，这样就能极大地节省水和肥的用量。

新疆棉一年大约要浇 9 次水，什么时候浇水、每次浇多少水都是很有讲究的，要根据天气和棉花的长势来判断。浇早了、浇晚了都会影响收成。

于是，新水源景请专家开发了一套算法模型，自动推算出最佳的浇水时间，然后推送给农民。农民只要在手机上点一下"确认"按钮，水管就自动浇水。

当然，有些农民会有自己的判断，更喜欢手动选择自己觉得更适合的浇水时间。新水源景也会把这些数据加入算法模型，不断优化浇水时间的推算机制。

这样，一个农民在手机上就能完成给几百亩甚至上千亩棉田浇水、施肥的工作。

当浇水、施肥、喷洒农药都实现了数字化之后，农民就可以大大节省"管"的时间，从种一亩三分地变成种几百亩地，从一年挣 1000 元左右变为一年挣几十万元。

现在，已经有不少年轻人开始返乡当农民，用数字化的方式种更多的地。

总有人把数字经济和实体经济对立起来，觉得数字经济的出现是对实体经济的打击。其实，数字经济从来都不是实体经济的对手，它的目的是帮助实体经济。

数字经济不仅能帮助农业，也能赋能金融业，甚至防止金融诈骗。

2021 年，中国支付系统共处理 9336.23 亿笔交易，大约每秒 3 万笔。在这 3 万笔交易里，有公司往来、亲友转账、购房消费等正常的交易，也有各种诈骗交易。

骗子的手段五花八门，比如：有人冒充熟人，说"猜猜我是谁"；有人冒充公检法，说"你老公被绑架了"；有人冒充客服，说"恭喜你中奖了"……总有一款针对你，这些骗子真是让人恨之入骨。

但是，怎么办？用科技赋能金融，用数据帮助反诈。

信也科技的创始人顾少丰告诉我，数据可以告诉我们很多。比如，我们从数据上能看到：骗子最活跃的时间是下午 4 ～ 6 点；被骗子联系的每 1000 人中有 6 个人被骗；其中被骗最多的其实不是老年人，而是 20 ～ 40 岁的年轻人，占比高达 77%，而且男性是女性的 1.4 倍；有 51% 的人受骗金额超过 1 万元。

基于 15 年来超过 1.5 亿用户所贡献的上千亿条数据，信也科技开发了"明镜"系统，帮助金融机构反诈。2021年 7 月至 2022 年 10 月，明镜系统每天干预疑似欺诈行为7000 多次，共阻断诈骗 3 万多次，帮助用户免受损失将近 6亿元。

科技不是颠覆金融的，而是赋能金融的。

关于实体经济，还有一个话题是我尤为关注的：工厂的转型升级。2021 年，我国制造业增加值规模达 31.4 万亿元，占 GDP 比重达 27.4%。自 2010 年以来，我国制造业增加值已经连续 12 年位居世界第一。而制造业的背后，是一家家工厂。工厂的转型升级怎么完成呢？靠的也是数字经济的赋能。

现在，有不少企业都在想如何帮助和赋能工厂，比如飞书就有很多独特的思考。

飞书发现，很多工厂已经有了先进的设备、昂贵的系统，它们的数字化程度并不低，但是，这些数字化大多数只盯着"流程"和"机器"，"人"的数字化被大大忽视了。在工厂里，那些操作设备和系统的人之间还是靠喊来进行沟通，靠猜来进行协作。至于为什么是这些步骤，他们不清楚；组织要实现什么目标，他们也不知道。

在这样的工厂里，"事"和"人"、"业务"和"组织"都是割裂的。因此，工厂的转型升级不仅要围绕"事"，也要围绕"人"；不仅要"业务数字化"，也要"组织数字化"。这几者结合起来，才更有效。

为了帮助工厂真正实现数字化，飞书踏入了更多工厂，和它们一起探索和努力。

在这里，我和你分享两个故事，也许对你有启发。

第一个故事是关于三一重工的。

先问一个问题：很多企业都把数字化放在比较重要的位置，但为什么还是很难实现数字化的成功转型？

答案是这些企业在生产方面的数字化程度还不够深，在协同方面也缺少统一灵活的协作和管理。

生产的数字化其实就是在数据中提炼信息，在信息中寻找知识，在知识中凝结智慧，在智慧中洞察业务。这句话说起来容易，做起来却很难，需要企业有战略眼光。但三一重工做到了，它与工业互联网独角兽企业树根互联合作，进行深度的数字化转型和升级。

树根互联开发了以自主可控的工业互联网操作系统为核心的工业互联网平台根云平台。在根云平台上，三一重工能实现设备数据实时采集、产品生命周期管理、资产性能管理等，而这些数据可以帮助三一重工进行深入分析和人工智能计算。从数据到信息，到知识，再到智慧，最后反哺业务，一步一步脚踏实地，整个工业价值链都变得更加灵活，也更有价值。

生产要素的深度数字化，是企业真正实现数字化的基础。除了生产，企业还需要协同。

协同首先要解决的问题是什么？是工作场景的协同。你给我发微信，我给你打电话；你给我发消息，我在OA（办公自动化）系统上给你回复。我们是彼此割裂的，怎么能做到有效协同呢？所以，协同的数字化首先要用一个统一的平台把各种工作场景聚合起来。

在这方面，三一重工和飞书合作，进行了很好的尝试。

2020年，三一重工引入飞书，所有员工都开始使用飞书沟通，就连蓝领工人也不例外，效率因此大大提高。有了飞书，信息的上传下达不用转手通知，生产的异常告警实现即时推送，所有信息工人们都能第一时间收到，然后马上反馈。

你可能会说："这些事情看上去不是很简单吗？"

的确很简单，但是，在之前割裂的系统里，哪怕是这些最简单的事情，都没有办法做到。一条消息转来转去，不但即时性很差，信息也容易失真。

千万不要小看这些简单的事情。举个例子，如果能实时了解生产线上生产设备的运作状况，提前预警，就能避免因故障而导致的停机，整条生产线的生产也不会受到影响。只需一台核心设备就可以通过与根云平台的连接实现数字化的监测和维护，让工厂和生产线真正"全年无休"，而工人也因此可以做更高端的工作。而且借助机器，人与人之间的沟通、协作效率提高了，哪怕每次只节省几分钟，加起来也是了不得的巨大效率提升。

三一重工有目前全球最先进的"灯塔工厂"[⊖]，工厂里的"人、机、料、法、环、测"六大生产管理要素依托根云平台实现数字化深度赋能，再加上飞书的应用，整个工厂变得更加高效和先进。

但是，企业里的协同不仅涉及基层的蓝领，还涉及管理层的白领，白领的管理和协同更应该统一、灵活。尤其在这个VUCA（Volatility，易变性；Uncertainty，不确定性；Complexity，复杂性；Ambiguity，模糊性）时代，组织的目标应该更加敏捷，团队的目标要更加对齐，同时要更有挑战性，能够自我激励和激发。于是，OKR（Objectives and Key Results，目标与关键成果法）成为很多组织的

⊖ "灯塔工厂"由世界经济论坛与麦肯锡管理咨询公司合作开展遴选，被誉为"世界上最先进的工厂"，是具有榜样意义的"数字化制造"和"全球化4.0"示范者，代表当今全球制造业领域智能制造和数字化最高水平。

选择。

很多人都知道这个由英特尔率先使用、被谷歌发扬光大的 OKR 系统，但问题是，很多组织风风火火地上马了这个系统，却没有好好利用，使其最终变成了一种形式主义。

三一集团（三一重工母公司）总裁唐修国先生曾提出，"以飞书为平台，以 OKR 为主线，力贯三一办公模式变革管理"。这么大的集团能一步步把 OKR 落地，很不容易，它的做法值得很多企业借鉴。

三一重工 OKR 的落地分为以下三个阶段。

第一个阶段是 2020 年，引入 OKR。

先是"大水漫灌，理念先行"——借助飞书培训团队的资源，三一重工在 2020 年对 23 个事业部及职能总部开展了 13 场培训和 OKR 研讨会。然后，高层站台，尤其在推广早期，高层非常重视 OKR 培训，甚至专门设置了供各事业部申请飞书 OKR 培训场次的流程。OKR 落地从来都是"一把手工程"，高层不参与的 OKR，只能是伪 OKR。

第二个阶段是 2020 ～ 2021 年，推广破局。

理念落地之后，要让理念符合实践。三一重工结合自身的情况，提出了具有集团特色的"OKR 两会"——对齐评审会和期中跟进会。

在对齐评审会上，每个人在聚焦自己的主要工作的同时，还要和同事一起讨论团队最重要的工作，上下左右互相对齐，以促进协作。而期中跟进会则是用来复盘目标完成度，协调资源，避免走错走偏的。

OKR 不仅要面向上千名关键岗位员工，还要向近万名核心岗位员工推广。所以，三一重工专门搭建了双层教练团队，为未来做铺垫。一级教练有几十人，二级教练有几百人。一级教练由一级单位负责人举荐，二级教练由一级教练提名。所有教练都要进行培训和认证，保证 OKR 推广的效果。

第三个阶段是 2021 ～ 2022 年，深化应用。

在这一阶段，OKR 系统和三一重工内部的"两新双月"[○]系统打通。设定双月 OKR，对新任关键岗位及核心岗位的员工进行关注和评估，帮助新任高级人才持续识别自身工作中存在的痛点，更快把握工作主线。通过"转正 OKR""挑战型 OKR"，关联转正和晋升。

从引入到推广，再到深化，OKR 在三一重工就是这样一步步落地的。取得的成果也是丰硕的。2019 年，在实施 OKR 之前，三一重工的总营收是 762 亿元，而 2021 年，三一重工的总营收飞速增长至 1068 亿元。2021 年，公司内

○ "两新"即新产品、新技术；"双月"指的是两个月时间为一个 OKR 设定周期。

部员工创建共享文档 130 万个，每天召开 4000 个视频会议，每天发送 70 万条飞书消息。2022 年，三一重工还在继续提效。

借助数字化，三一重工在变得更好。

第二个故事是关于新松公司的。

先问一个问题：你知道在工厂车间里指导生产的最重要的基础理论之一是什么吗？答案是即时生产（JIT）。

即时生产在第 2 章已经介绍过，它一环接一环，减少浪费，提高效率。丰田公司将这种管理方式称为"看板管理"。即时生产的理念影响了无数制造业企业。

从某种程度上来说，生产效率就是工厂的竞争力，如何提升竞争力是制造企业的重要议题。

新松公司（以下简称新松）隶属于中国科学院，总部位于中国沈阳，以"中国机器人之父"蒋新松之名命名。新松是一家以机器人技术为核心的高科技上市公司。作为国家机器人产业化基地，新松拥有完整的机器人产品线及"工业4.0"整体解决方案。新松也通过飞书的数字化赋能大大提高了自己的生产效率。

在新松智能制造 BG（Business Group，事业群）的工厂车间里，原先到处可见巨大的现场白板，它们是用来跟进项目执行情况的。在现场白板上，每个项目都有公示内容，比如生产线布局图、安全注意事项、责任人等。

但显然，用现场白板也存在问题。比如，每个项目的公示内容如进度、责任人等格式不统一，不方便查看。再比如，任何人都可以涂改白板的内容，安全性无法保证。

不够方便，不够安全，不够高效，怎么办？为了解决这些问题，新松使用了飞书的多维表格功能。多维表格融合了在线协作、信息管理和可视化功能，能个性化地满足企业的业务需要。比如，企业可以把多维表格设计成一个工作信息同步看板。一张在云端共享的多维表格，同时也是一块智能看板，所有的信息都能汇聚其上，并且一目了然。

多维表格的基础理论，正是来源于生产车间的精益思维。这种工具特别适用于每日工作沟通和上下游协同等场景。

但是，工厂的生产不仅仅需要车间协同，还需要多地协同。2021 年 3 月，新松把杭州、宁波、武汉基地纳入了智能制造 BG 的管理范围，这马上就带来了多地协同的问题。比如，一个项目由杭州工程师负责机械设计，由宁波工程师负责软件，由武汉工程师负责电气，这时，协同就很难进行。尤其当项目涉及上百人和很多外协单位时，协同更成了很大的挑战。数据孤岛，"烟囱"林立，特别麻烦。

能不能也用一张多维表格进行管理、协作？当然可以。

飞书的多维表格支持数据即时同步，也支持评论提醒，哪怕很多人同时协作，也不用担心信息的流转和滞后问题。在协作的过程中，多维表格还支持多种字段，一个标签页可支持不同类型的内容，且可以根据实际的工作场景定义内容。而且，多维表格还支持多视图查看同一张表格。只要点击一下，原来的看板视图马上就可以变成数据表视图，数据呈现和处理都更加简单、直观。

多维表格本质上不是表格，而是一个小型数据库，灵活、高效、简单、实用。

很多人问，到底什么是数字化？其实，就是用更先进的工具赋能和武装自己，提高效率，加强协作。这就是新松带给我的启发。

看完这两个故事，不知道你有什么样的感觉？

最后，我还想和你分享一个数字：在中国，中小企业贡献了60%以上的GDP，但是，目前只有2%的能够实现深度数字化。

我们任重道远，但发展的空间巨大，前景广阔。

祝愿所有在数字化转型上不断探索的企业，更要祝愿所有工厂、整个制造业乃至所有实体企业都能够实现数字化，找到更加先进的工作方式。

未来，一定是星辰大海。

第 8 章

成为确定性

比找到确定性更重要的，是成为确定性

找到确定性很重要，但是，也许有一件事情比找到确定性更重要。

让我们回到第 2 章的那个实验。

当我们把花瓶、泥人、篮球往地上扔，花瓶摔碎了，是因为"脆性"；泥人摔成了泥，是因为"塑性"；而篮球摔多深就能蹦多高，是因为"弹性"。

那么，如果我们把哑铃往地上扔呢？

哑铃不会坏，甚至一点都没变形，反而地板被砸坏了。这种受了很大的外力都不变形的特性叫作"刚性"。

小鹏汇天的创始人赵德力从小就喜欢做东西，他经常拆家里的各种东西，并因此得到了磁铁、齿轮、马达……然后用皮带把它们绑在泡沫上，做成一艘简易的船。长大后，他去东莞打工，每天从早上 7 点开始工作，一直干到凌晨 2 点。后来，他还卖过保险，做过房产中介，开过小饭店。日

子就这样一天天地过去，直到有一次，他偶然看到有人在玩遥控飞机。在那一瞬间，久违的儿时梦想复活了。

赵德力在给我讲这段经历的时候眼里泛着光。

10 年后，赵德力做出了一款重达 256 千克的"飞行摩托"，并且试飞成功。这款飞行摩托叫"筋斗云"。

但是，有人质疑：筋斗云上要有孙悟空吧，你这个飞行摩托上面没人。没人敢坐的试飞，怎么能叫成功？

那时，他的公司陷入低谷，员工都离他而去，只剩一个工程师。散伙还是躺平？一个艰难的抉择摆在赵德力面前。

这之后不久是赵德力母亲的 70 岁生日，他回家陪母亲说了很多话，就像再也没机会说一样。然后，他回到广东，跨上了"筋斗云"。"筋斗云"飞上了 8 米高空，他说坐在上面的心情就像在三层楼上施工却没有安全保护一样。"我也怕。别人创业可能会亏钱，我创业可能会丢命。"他说。

但是，当"筋斗云"缓缓落地的那一刻，他知道，这次是真的成功了。

今天的赵德力已经开始造飞行汽车了，小鹏汇天的估值超过 10 亿美元。他儿时的梦想正在一步一步变成现实。

赵德力这个"哑铃"把"低谷"这个地板砸出了一个大坑。

我再来讲一个人的故事，这个人叫荣耀中，是太太乐、日加满的创始人。

1984 年被吴晓波称为"中国企业家元年"，这一年，王石创立了万科，张瑞敏创立了海尔，柳传志创立了联想。也是在这一年，荣耀中创立了太太乐。

1984 年，34 岁的荣耀中到河南省南乐县扶贫。这个县很穷，但农民会养鸡。在扶贫的过程中，荣耀中逐渐萌生了开创"鸡精"这个品类的想法，后来就有了太太乐。

为了把太太乐做大做强，1991 年，荣耀中身揣几十美元，带着两集装箱太太乐去了美国。在唐人街摆了几年摊后，太太乐终于走进了美国超市，开始走向全球。

又经过十多年的发展，到 2002 年，太太乐已经打败了当时的全球四大调味品牌——美国的家乐、瑞士的美极、日本的味之素、韩国的希杰，年销售额全球第一。

但荣耀中并没有停下自己的步伐，很快，他又创立了一个全新的、能帮助人们恢复脑力的能量饮料品牌——日加满。

为了把日加满做好，他不断地研究成分，研究包装，研究工艺。最终，在成分上，他找到了植物瓜拉纳，其提取物含有 8 种人体必需的氨基酸及牛磺酸；在包装上，他用了绿色玻璃瓶；在工艺上，他也像第一次创业一样死磕到底。即便是一个瓶盖，他也要做到极致。他对瓶盖的要求很严苛——瓶盖太紧会拧不开，太松会漏气，所以一定不能太紧，也不能太松。他找遍了全世界，只找到一家工厂能做到他要求的程度。

要设计出一个好产品，可能有 90 个细节要研究，而要做好一家企业，却有 9 万个细节要管理。这需要耗费巨大的心力，但是，永远不能说"算了吧"。

最近，荣耀中又遇到了一个新课题——直播。搞不懂直播，怎么办？他想：不会就学！于是，72 岁的荣耀中不断出现在直播间。

现在，日加满的销量一直在持续增长，其中40%～50% 来自互联网。

退休？躺平？决不。再来一遍。

荣耀中这个早已功成名就的"哑铃"，爬上桌子，把地板又砸了一遍。

钟承湛的故事也令人感怀。钟承湛是一个狂热的户外爱好者，登山、潜水、帆船、滑雪……都是他的爱好。因为热爱，他甚至创立了一个自己的户外品牌——凯乐石。

1984 年，6 岁的钟承湛就开始跟着父亲到处出差，用脚丈量世界。7 岁的时候，他爱上了冒险，常常一个人转四五趟车，穿梭往返 100 多千米，从农村到城市，再从城市到农村。小小的身躯里，埋下了"仗剑走天涯"这个大大的梦想种子。

钟承湛出生在湛江，这是一个港口城市，20世纪90年代就有很多旧货市场，卖从西方漂洋过海而来的老物件，有自行车，有登山包，有轮滑靴。高一那年，他从旧货市场上买来自己的第一个登山包，后来背着它走过了很多地方。

2002年底在一次登山时，钟承湛就像被上帝叫醒了一样，他突然意识到："这才是属于我的地方，这才应该是我的生活。"

因为对户外的终极热爱，钟承湛决定把它作为使命，并且在第二年创立了凯乐石。他决心做一个户外运动品牌，专注于产业研发，只为攀登。凯乐石的英文名字"KAILAS"就来源于中国西藏的冈仁波齐山（Kailash）的英文名字。

人生最幸福的事情，不就是以热爱为事业吗？钟承湛疯狂热爱户外，凯乐石疯狂成长。2003～2013年是中国整个户外行业高速增长的十年，把握住了趋势的凯乐石也迎来了自己的黄金十年，爬上了自己的高峰。

直到一次事故突然而至。2013年，因为一次意外，钟承湛受了重伤，腰椎骨折，脊髓损伤，医生为他做了诊断后，说他这辈子都要坐轮椅了。

钟承湛，一个疯狂的运动爱好者、一个户外品牌的创始人，从此以后只能坐轮椅了。命运把他重重地摔在了地板上，然后使劲踩。怎么办？登山、骑摩托、滑雪……过去触手可及的事情，以后都变成不可能了。人生中每一座曾经熟悉的山丘，都变成了他的"未登峰"。对他来说，这无异于陷入了绝望的深渊。

但钟承湛没有服输。手术醒来后，当他知道自己再也站不起来时，他就开始上网查"坐在轮椅上能做什么户外运动"。

他说："生命突然给了我一座我从来没有攀登过的高山。虽然这座山是高了一些，但是，每个人都有自己的那座高耸的'未登峰'。决不服输，坚持向上，不就是攀登的全部意义吗？"

几个月后，他居然真的回到了雪道上，只是，别人是站着滑雪，而他是坐着滑雪。

听完他的故事，我久久说不出话来。

我以前讲过一件事：如果你骑着自行车从北京潘家园古玩城出来，车后座绑着一个古董，在一个大转弯处突然"哐当"一声，古董重重地摔在了地上，摔得稀碎，这时，你应该头也不回地往前骑。因为它已经摔碎了，停下来也于事无补。

钟承湛也做出了一样的选择，病床上的他没有躺平，他选择用积极去对抗焦虑，既然是"未登峰"，那就继续去攀登，头也不回，一路向前。

他知道不能放弃，因为他只有跨越这座"未登峰"，才能找回自己的热爱和信念，才能继续活下去。

他成功了，坐着轮椅重新驰骋雪道，在冰雪中飞翔。现在，他又开着 UTV（全地形越野车，有点像沙滩车）驰骋赛场了，他还琢磨着改装一辆摩托车，去完成下一个挑战。

钟承湛说："滑雪的意外虽然让我无法登山，但我的攀登并未因此终止。请不要为我遗憾。"

其实，2013 年，钟承湛遇到的逆境不止这一个。这一年虽然是凯乐石发展的高峰，但整个行业的大环境却开始变差，行业里很多企业增长放缓，甚至有些已经倒闭。与此同时，很多新的竞争者摩拳擦掌地进场了。

摆在凯乐石面前的是一个新的竞争环境。

身体上的逆境，靠意志力和强大的心力可以扛过去，那企业的逆境该怎么去面对呢？公司的战略要变吗？

那时，大家都觉得做大众化才能对抗下降的趋势，但是凯乐石选择走一条难走的路，把自己所有的精力聚焦在"攀登"上。

"只为攀登"听上去很小众，但是专注地把它做到足够专业，就能成为一把尖刀，一路披荆斩棘。

最后，钟承湛带着 1100 名员工，登上了行业的"未登峰"。2021 年，凯乐石实现高质量的逆势增长，其中登山类产品的增长将近 3 倍。

发生在钟承湛身上的事，旁人难以想象，我的心中只有敬佩。

在高度的不确定性中，赵德力、荣耀中、钟承湛把自己活成了确定性。我们都希望地板软一些，但也许更重要的是，我们自己要硬一些。

巨人过河，是不需要策略的

如果用一个公式来表示企业增长，它或许应该是这样的：

$$企业增长 = 自身 + 结构 × 时代 + 意外$$

内生性变量　机会性变量　环境性变量　随机性变量

企业增长的动力或者阻力其实主要来自自身、结构、时代和意外这四个要素的相互作用。为什么增长是不确定的？因为这四个要素是不确定的。

时代是一个环境性变量。

人们很容易把获得的成就归功于努力，但很可能这背后的真正原因是我们生逢一个伟大的时代。1978 ～ 2018 年，中国改革开放 40 年，GDP 平均增速高达 9.5%。这简直是一个奇迹。你要知道，美国同期的 GDP 平均增速是 3% 左右，德国是 1% 左右，而日本在过去的 20 年里 GDP 平均增速几乎是 0。现在回头看，如果没有 20 世纪 50 年代马尔科姆·麦克莱恩（Malcom Mclean）发明的集装箱，如果没有 20 世纪 60 年代开始的中国第二次"婴儿潮"，这个时代可能不会是你熟悉的时代。

当时代这个环境性变量起主导作用的时候，你有一个永远都不可能打败的对手，就是时代。

时代的变化可能是缓慢的，但也是无法阻挡的。我们无法选择自己出生的时代，但我们必须理解它。想要理解"时代"这个环境性变量，我建议你读一本书——《枪炮、病菌与钢铁》。

结构是一个机会性变量。

很多年前，我去了一趟海宁，在那里我看到一套非常好的皮沙发，售价是 6000 元。我很想买，但他们不卖给我，说是出口到欧洲的。我问他们："那在欧洲卖多少钱？"他们回答说 6000 欧元。当时欧元兑人民币的汇率是 10，也就是说，同样一套沙发在欧洲卖 6 万元。为什么价格会差 10 倍？因为中间很多环节都要赚钱，比如采购商、贸易商、总代理商、物流商、分销商、商场等。

而有了互联网以后，海宁的沙发厂可以在网上以 3 万元的价格直接把沙发卖给欧洲的消费者，虽然售价降低了，但是因为少了很多中间环节，沙发厂赚的钱反而变多了，而消费者也省了很多钱。

互联网改变了跨境贸易的交易结构，带来了机会，带来了红利。这就是机会性变量。

当结构这个机会性变量起主导作用的时候，选择往往比努力更重要。

结构的改变是快速发生、稍纵即逝的，所以，结构性机会通常是勇敢者的游戏，因为需要放弃原来的安全感，纵身一跃。要理解结构这个机会性变量，我建议你读一本书——《创新者的窘境》。

意外是一个随机性变量。

2022 年 9 月，一家 A 股上市公司的股价突然出现大幅波动，连续 12 个交易日出现 8 个涨停，累计涨幅超过 100%。它就是彩虹集团。

彩虹集团是做取暖业务的，简单来说，就是生产电热毯等产品的。俄乌冲突这个意外导致欧洲能源供应紧张，欧洲能源供应紧张这个意外导致德国气价涨了 3 倍、法国电价涨了 10 倍，气价和电价飞涨这个意外导致英国某电商的电热毯销量达到了 2021 年同期的 13 倍，而欧洲电热毯销量飙升这个意外最终导致彩虹集团的股价出现 8 个涨停。这就是意外，你能想到吗？

天上掉的是"金子"还是"刀子"，都是天的事，与你无关。

当意外这个变量起主导作用的时候，我们要做的是尽人事，听天命。

意外的出现是随机的，所以几乎完全无法提前预测，总是让人措手不及。要理解意外这个随机性变量，我建议你读一本书——《黑天鹅》。

时代、结构、意外这三个变量，作用于企业增长的方式各不相同，但是有一点是一样的——它们都是外部变量。对于外部变量，你无法控制，只能应对。

那么，自身呢？

自身是一个内生性变量，只有自身这个变量是你可控的。

赵德力改变不了媒体对他的质疑，怎么办？改变自身——"我一定要飞起来给你们看看"。

荣耀中改变不了大家开始上网购物的趋势，怎么办？改变自身——"我就不信 72 岁就不能做直播"。

钟承湛改变不了意外对他的伤害，怎么办？改变自身——"我不但能坐着滑雪，我还能坐着开摩托车"。

他们如同哑铃一样的刚性来自无比强大的自身。

当自身这个变量起主导作用的时候，我们说"巨人过河，是不需要策略的"。

抵御"寒气"，把确定性传递给每一个人

世人多看结果，自己苦撑过程。外部越不确定，越要提升自身的刚性。外部越不确定，越要苦练基本功，站桩、扎马步、打十八铜人阵，样样都不能少，要练得有底气说"我不是在寻找确定性，我就是确定性"。

如何判断一件事值不值做？看这件事有没有帮助你"成为确定性"。最稀缺的能力不是"寻找确定性"的能力，而是"提供确定性"的能力。

关于自身这个"内生性变量"，我也推荐三本书。这三本书的主题，正是我们为了获得"提供确定性"的能力所必须修炼的三种基本功。

第一本是关于管理的，是"现代管理学之父"彼得·德鲁克（Peter F. Drucker）的《卓有成效的管理者》。管理是创业者的第一堂必修课，跟彼得·德鲁克学管理，能帮我们夯实管理基本功。

彼得·德鲁克讲出了管理的本质，也就是我们所说的管理的底层逻辑。

比找到确定性更重要的是
成为确定性

抵御"寒气"
把确定性传递给每一个人

所谓"管理的底层逻辑",就是解答管理要解决什么根本问题。了解这一底层逻辑,能使我们找到合适的管理方法论。

比如,彼得·德鲁克提出了极具时代意义的目标管理。大量公司基于这一底层逻辑形成了各自不同的管理方法论,有的公司用 KPI(关键绩效指标)来管理公司,有的公司用 OKR 来管理公司。你说该用 OKR 还是 KPI?其实这个问题一点都不重要,重要的是你得做目标管理这件事。至于你要用什么工具、什么方法论,都没关系,只要合适就行,因为所有工具和方法论都是基于"目标管理"这个底层逻辑的。

那什么是目标管理呢?以润米咨询为例,我一年有 200 多天不在公司,如果我一出差,公司的 30 多名员工就很高兴,心想"终于没人管我了",那么这家公司是没法管理的;如果他们每天做什么都要和我商量,我让他们做什么,他们才去做什么,那么这家公司也没法管理。最重要的是,员工要时时刻刻盯着目标,而不是盯着老板。不管用什么工具、什么方法论,只要他们每天盯着的是目标,而不是老板,这个公司就成了。

你去一家公司,很容易就能看出它管理得好或不好。有的公司,老板走进办公室时根本没人搭理他,不管老板在还是不在，员工都是该工作时工作、该休息时休息，因为他们知道自己的目标什么。但有的公司，员工一看到老板来办公室了，就"哗啦啦"全部站了起来，像这样的公司就有问题，因为大家觉得老板重要，得在老板面前表现好。

所以，一定要把战略分解成目标，并让员工领走各自的目标，并对自己的目标负责。

除了目标管理，彼得·德鲁克还有很多非常重要的观点和理念。比如，他认为，组织的目的是使平凡的人做出不平凡的事，也就是说，组织不能依赖于天才，因为天才是非常少的。所以，考察一个组织是不是优秀，最重要的是看在这个组织里的每个人能不能发挥自己的价值，能不能相互赋能，平凡的人能不能做出不平凡的事。

第二本是关于战略的，是"企业竞争战略之父"迈克尔·波特（Michael E. Porter）的《竞争战略》。跟迈克尔·波特学战略，能帮你夯实战略基本功。

《竞争战略》这本书不容易读，里面的理论看起来有些复杂，但逻辑特别清晰。通过阅读这本书，你至少要透彻地理解什么是三大通用战略，什么是五力模型。

三大通用战略包括总成本领先战略、差异化战略、集中战略。

先说总成本领先战略。我们说总成本领先战略是第一名的战略，因为第一名要做到规模足够大，就必须要有足够大的市场份额，这时成本就很重要。比如，你是开奶茶店的，在大家都降价的时候你却能赚到钱，一定是因为你占领了最大的市场份额，固定成本被摊薄了，并且运营效率高，你的总成本相对于别人来说才会是领先的，这就是你的战略优势。获得总成本领先优势之后，你就能把其他竞争对手挤出主流市场。每一个行业里面获得第一名的企业，几乎都使用的是总成本领先战略。

如果你的市场份额没有第一名大，跟第一名比没有成本优势，怎么办？这时，你需要采用差异化战略。比如，如果你是开火锅店的，你一定不能跟海底捞比服务，但你可以为消费者提供差异化的服务和产品。

集中战略就是做区隔市场——聚焦一个特殊的领域、特殊的区隔市场，让它成为你的优势，让别人打不进来。

总成本领先战略和差异化战略是在全行业范围里实现目标，而集中战略仅针对某个特定的目标群体，比如，大家都是生产袜子的，那你可以专门做某一个年龄段的袜子。

五力模型是迈克尔·波特在1979年提出的，他认为每家企业都受五个"竞争作用力"的影响，它们分别是直接竞争对手、顾客、供应商、潜在新进公司和替代性产品。

在迈克尔·波特看来，所有人都是竞争对手，包括下游的顾客和上游的供应商。

不同企业面临的竞争强度不同，潜在的获利能力也不同。迈克尔·波特认为，企业战略设计的核心在于选择正确的行业，以及在行业中占据有利的竞争位置。

怎么才能占据有利的竞争位置呢？你得变得稀缺，只有稀缺你才能有竞争力。而且，稀缺是相对于"五个力"都要稀缺，既要对"上下"有溢价能力，也要对"左右"有溢价能力，比如，对上游的供应商来说，你得稀缺。如果你只有一个供应商，并且非常依赖他，有一天他突然不想和你合作了，或者你希望他能降点价，但他不降，你就会有极强的不安全感。

时代大于战略，战略大于组织。战略不对，一切白费。

战略思考是每个创业者都要补上的第二堂课。

第三本是关于营销的，是"现代营销学之父"菲利普·科特勒（Philip Kotler）的《营销管理》。跟菲利普·科特勒学营销，夯实营销基本功。

你知道为什么当你进到一家饭店，服务员会把你引到落地窗前就座吗？因为这会让路人觉得里面人多，忍不住进来。

你知道为什么古茗奶茶的柜台往里退了 60 厘米吗？因为这样的设计方便路人在下雨天的时候躲雨，顺便点杯奶茶。

你知道为什么喜姐炸串用撒粉调味，而不是用刷酱吗？因为撒粉的品控比刷酱的稳定，容易带来口碑。

你知道为什么新时沏的鸡排要先炸两分半钟吗？因为客户下单后再炸一分半钟正好和奶茶一起出品，效率最高。

不要总想玩个大的，营销大多数时候都是一些基本功，所以，你需要好好读一读《营销管理》，这本书对于理解营销的底层逻辑有很大的帮助。

《营销管理》是菲利普·科特勒在 1967 年写的，他特别厉害的一点是会结合外部环境和市场的变化，持续不断地更新自己对营销的理解。以《营销管理》为例，每隔两三年他都会增加一些新的营销理念、营销工具以及营销领域的精彩案例。现在，这本书已经更新到了第 16 版。

菲利普·科特勒拓宽了市场营销的概念，从过去仅仅限于销售工作扩大到更加全面的沟通和交易流程。他认为市场营销是"创造价值及提高全世界的生活水准"的关键所在，它能在"赢利的同时满足人们的需求"，因此，他深信世界上最有成就感的市场营销工作应该带给人们更多的健康和教育，使人们的生活质量产生根本的改观。同时，菲利普·科特勒一直在尝试把市场营销的探讨关联到产品和服务上。

营销能力是每个创业者都要补上的第三堂课。

学管理，请回到彼得·德鲁克的《卓有成效的管理者》；学战略，请回到迈克尔·波特的《竞争战略》；学营销，请回到菲利普·科特勒的《营销管理》。请回到基本功，因为你以为的顿悟可能只是别人的基本功。不管外部怎么变，你的基本功是始终不变的，而这恰恰是你应对变化的底气。善弈者，通盘无妙手，因为他们靠的是日复一日的积累。

最后，我要讲一个故事，这个故事有关 3 个人，希望能带给你一些启发。

第一个人叫罗伯特·斯科特（Robert Scott）。

1910 年的一天，南极冰天雪地。英国探险家斯科特和他的队员做完了所有冲刺南极点的准备，正式踏上了自己的探险之旅。

但刚一出发，他们就遭遇了不确定性。用于运送物资的雪地摩托在极端天气下无法工作，而矮种马也因为汗液结冰而大批冻死。

在这种情况下，探险还继续吗？继续。斯科特想：我一定要成为第一个抵达南极点的人。

但路途越来越艰难，最后，斯科特不得不改变计划，在距离原计划设置补给站的位置还有 67 千米的地方提前设置了补给站，然后用"火箭发射"的策略冲刺南极点：走一段路，从 30 人里选 20 人继续前进；再走一段路，从 20 人里选 10 人继续前进；再走一段路，从 10 人里选 5 人……就这样不断冲刺。

1912 年 1 月 18 日，斯科特终于抵达了南极点。但是，他竟然在这里看到一面挪威国旗，罗阿尔德·阿蒙森（Roald Amundsen）比他先到了。

带着巨大的沮丧，斯科特往回走。

他们的食物越来越少。一个月后，一位队员死去。几天后，另一位队员死去。在离补给站只有 17 千米的地方，斯科特团队全军覆没。

就差 17 千米，如果按计划设置补给站而不是临时改变计划，也许这个悲剧就不会发生。

当大本营团队找到斯科特尸体的时候，他身边还有各种岩石标本和资料，这些资料为后来南极地质学的研究做出了重要贡献。但是，斯科特永远消失在了充满不确定性的南极。

第二个人是罗阿尔德·阿蒙森。

阿蒙森是有备而来的。出征之前，他专门到北极圈和因纽特人一起生活了一段时间，他发现矮种马不是最佳的运输工具，狗才是，因为狗不会出汗，所以不会因为汗液结冰而冻死。

从大本营出发前，他安排狗拉雪橇，在南纬 80°、81°、82° 分别设置了三个补给站，放置了 3 吨物资。一切准备就绪后，他带了一个 5 人团队正式向南极点出发。

这一路，阿蒙森像机器一样控制自己，日行 30 千米。这是因为，在天气好的时候多走，很可能导致得意忘形，过多消耗体能；在天气差的时候少走，也可能导致偏离日程，打击团队士气。

阿蒙森的团队很顺利地来到了位于南纬 82° 的补给站，然后，他们把物资装上雪橇继续往前推进，并且在更高纬度上设置了 3 个新的补给点，为回程做好充足准备。

1911 年 12 月 14 日，阿蒙森成为人类历史上第一个抵达南极点的人。1 月 25 日，全员安全返回营地。而 "1 月 25 日全员安全返回营地" 这件事早在 3 年前就被阿蒙森写在自家书房里的一张便条上。

这就是阿蒙森惊人的计划性。

不确定性之所以被称为不确定性，是因为它是未知的，而且常常会突然降临。你唯一能做的就是 "强准备"。在不确定性中能救自己的，不是银行，不是房东，不是其他人，而是你自己。

阿蒙森在巨大的不确定性中找到了自己的确定性。

第三个人是欧内斯特·沙克尔顿（Ernest Shackleton）。

在人类抵达南极点3年后，沙克尔顿决定徒步横穿南极大陆。

但很不幸，还没抵达南极大陆，沙克尔顿的船就被浮冰围住。浮冰越来越厚，导致船体被扭曲，桅杆被拉断。

怎么办？

沙克尔顿带领27名船员住在了浮冰上，这一住就是10个月！10个月后，浮冰开始融化，但船体已经被破坏，最终沉入海底。他们只好在未融化的浮冰上又住了5个月！

这么一直住下去也不是办法，于是，沙克尔顿和船员一起登上救生艇，寻找救援。在与危险搏斗了7天后，他们漂到了一座无人小岛上。

沙克尔顿带领5名船员继续寻找救援。他们在气候极端恶劣的冰海中史诗般地航行了16天，甚至用双手划水，前进了大约1300千米，相当于从上海划到了北京，终于来到了南乔治亚岛。

这之后，沙克尔顿又带领2名船员徒步翻越南乔治亚山脉寻找救援。3天3夜后，筋疲力尽的他们终于看到了人类。被困700多天后，27名船员最终全部获救。

当整个团队面临巨大的不确定性时，沙克尔顿把自己活成了确定性，并带领团队，抵御"寒气"，把确定性传递给了每一个人。

你想成为斯科特、阿蒙森，还是沙克尔顿？

第一个登上珠穆朗玛峰的埃德蒙·珀西瓦尔·希拉里（Edmund Percival Hillary）这样评价："如果为了探索科学，给我斯科特；如果为了旅途的速度和效率，给我阿蒙森；但是当你失去所有的希望时，跪下来祈祷，给我沙克尔顿。"

未来，我们也应像沙克尔顿一样抵御"寒气"，把确定性传递给每一个人。

修炼强大的心力，让自己成为"巨人"

那么，怎么才能做到在自身抵御"寒气"的同时还能把确定性传递给他人呢？最重要的是修炼强大的心力，让自己成为"巨人"。

经常有人问我："润总，你每天都这么忙，看着都觉得累，难道你不觉得累吗？"

我说，我当然也有累的时候，但我在这个过程中真的感受到了快乐，我觉得我做的事情有意义，内心就充满了一种力量。这种力量支撑我去做更多的事，迎接更多的挑战。

这种力量就是心力，所以我也特别建议大家，要重视心力的训练。特别是遇到困难，感到痛苦、压力大的时候，心力强，才能坚持到底。

俞敏洪老师在一次谈话中也提及，他也有过非常焦虑的时候。在新东方最初面临组织结构调整转型的时候，他好几年都睡不好觉，不知道吃了多少片安眠药，因为他在十字路口所做的每一个选择都关系着公司的生死存亡。但最终，俞敏洪靠着强大的心力走过来了，新东方成功转型。

要和不确定性对抗，使自己成为确定性，更需要有很强大的心力。那么，我们又如何获得强大的心力呢？

我先给你讲一段我自己的经历。

经常看我文章的读者都知道，一年 365 天，我有 200 多天不是在出差，就是在去出差的路上。2022 年上半年，我的工作节奏突然被打乱，我在家待了两个多月。终于，在 6 月 9 日，我的同事帮我刷到了一张从上海去杭州的高铁票，此时离出发只有 1 小时，我用百米冲刺的速度回家收拾行李，然后，赶在高铁启动前找到了我的座位。等我在高铁上放好行李、坐到座位上的时候，列车门正好关上。

平复下来，望着窗外的风景，我突然有种久违的熟悉。不管新冠病毒是怎么想的，我决不"躺平"。没有心力的支撑，我可能早就不这么拼了。

很多投资人在投资项目的时候会关注创业者的心力。

源码资本的创始合伙人曹毅说，他判断一个创业者值不值得投资，有三个维度：体力、脑力和心力。

体力很重要，因为你在创业过程中会遇到各种问题、各种麻烦，都需要体力来支撑。脑力也很重要，你得想战略、做计划，让公司更好地发展。但最重要的还是心力，因为心力是体力和脑力的稳定器，是力量的来源，它决定了你的内心有多强大。

想要拥有强大的心力，有几个方面特别重要，一是扩大心力容量，二是提升自我效能感，三是提高心力使用效率。

1. 扩大心力容量

训练心力的方式之一是运动。很多创业者喜欢极限运动，因为极限运动训练的是一种明知有困难还一定要做到的决心，能让你的心力变得无比强大。

我在戈壁徒步了 3 次，环骑过青海湖，也去过南极和北极，每一次极限运动结束，我都感觉我的心力又强了一点点。

2015 年，我登顶了非洲第一高峰乞力马扎罗。

爬乞力马扎罗，从进山到出山需要 7 天时间。进山处的海拔大概是 1800 米，第一天要垂直升到 2800 米，第二天再上升 1000 米，即到 3800 米，第三天升到 4600 米。一步一步，在阳光的暴晒下艰难向前。

为了降低耗氧，我拖着双脚，像僵尸一样地挪动。我的私人背夫要上来扶我，被我推开。他的呼吸节奏和我不一样，如果不能踏在我自己的一呼一吸上拖动双脚，我觉得我会吐出来。

终于到达了4600米的营地，我"哇"的一声，把早上喝进去的能量胶、热巧克力全都吐在了高山的黑土地上。我希望能休息一下，吃点东西，可因为恶心还没能吃下一口食物，山中的大雾已经裹挟着雨水追上了我们的队伍。

下撤立即开始。我们全速在雨中向下冲。早上吃的东西全吐了，中午也没吃东西，我的体能和体温都降到了最低点，但完全不能停下来。等我们终于冲锋到了被大雨浸透的营地，才发现还有一件糟糕的事情在等着我们：因为没有预料到会下大雨，营地里的干衣服都被淋湿了。

浑身湿冷，头痛欲裂，一天未进食，我的能量降到了冰点。我测了一下平静时的心跳，竟然达到了140次/分。那一刻，我彻底崩溃了：我要下山。但是向导对我说：不行，再坚持一下，一定要向上。

于是我又跟随计划，横向攀爬了两天。

终于到了第五天登顶日前夜。那一天，我们从中午开始睡觉，睡到深夜23：00，然后全副重装，走出帐篷，在零下 20℃（体感温度零下 40℃）的低温下，在大风中冲刺 5895 米的"自由之巅"。

我还是没能吃下晚饭，头疼不止。向导在的我身上测出了全队最差数据（心跳 130 次 / 分，血氧饱和度 70%），但慎重考虑后，鼓励我继续登顶。

最终我决定登顶，这真是漫长的一夜。

开始冲顶。向导每隔 1 小时都会让大家停下来休息 5 分钟，调整自己，因为时间一长，身上就冷。我用这 5 分钟的时间坐下来，赶紧吃一根藏在怀里的能量胶，或者吃一块巧克力，再喝几口水。喝旅行水袋的水，喝完一定要把吸管里的水吹回去，不然整根吸管会结冰。有一位女同学失声痛哭，这是很可怕的事情，因为鼻涕会不自觉地流下，冻成冰碴儿。

我坐在那里想：我好想睡觉，但是不行，一定要坚持。没有激昂的冲刺，只有静静的坚持。意识在模糊和清醒之间，向下；脚步在半梦和半醒之间，向上。

当我们的右手边开始出现一丝被朝阳染红的晨云，当太阳从天边升起时，向导突然宣布：海拔 5500 米了！所有人都开始欢呼。这个时候，人特别容易松懈下来，但是千万不能松懈，真正的目标还没有达到，必须继续冲刺。

终于，我们抵达了 5895 米的"自由之巅"，我做到了！

我和队友像孩子一样紧紧抱在一起，失声痛哭，完全不能自已。然后，我又一屁股坐在"自由之巅"，在非洲最高峰上独自抹去汹涌的泪水。

哭，不因懦弱，不为坚强，只恨没有其他任何办法可以表达那一刻的心情。当我站在 5895 米的山顶时，那种灵魂被洗刷的体会是没有到过那儿的人永远感受不到的。

我的内心特别自豪。经历了那么多苦难、那么多痛苦，站在山顶的那一刻，我获得了一种能力，一种"坚持一下，再坚持一下"的能力。

我的心力又强大了一点点。

除了极限运动，平时的运动健身也是一种帮助我们扩大心力容量的方法。

一个人心力够不够和他的心肺功能有关。心肺功能的强弱就相当于电池容量的大小。容量 3000 毫安的电池，几乎一定比容量 800 毫安的电池更加持久耐用。同样，心肺功能越好的人，越能轻松驾驭一天的工作。所以，我们平时应该通过跑步、游泳等运动来训练心肺功能。如果工作很忙，也可以选择提前一站下车，快走回家。

如果还是太忙呢？你可以选择效率更高的运动方式——跳绳。跳绳 5 分钟相当于慢跑半小时，而且用正确的姿势跳绳对膝盖的伤害只有跑步的七分之一。

2. 提升自我效能感

心力不足的一个表现是，遇到麻烦和困难的时候你不相信自己能做到，不相信自己能克服困难，你觉得花再多的时间都是浪费。你可能会习惯性地想："天呐，这件事情这么难，我不可能做到。"

但是，心力强大的人总是相信困难只是暂时的，先把能做的做了，再继续想办法，总是会有办法的。这就是自我效能感，就是相信自己能做成想做的事情。

要想提高自我效能感，我们可以先完成一些简单的事情，通过这种方式来建立信心，然后再挑战更难的事情。

比如，先找一个练习场，在一些小事情上好好练习，然后争取把这些事情都做成，通过做成一件一件小事情提升自我效能感。当你能轻松完成这些小事情的时候，再试着去做一些有一定难度但只要花费时间、通过努力也能做成的事情。最后，再去挑战那些看起来很难、对你来说很有挑战性的事情。

当你克服重重困难，做成这些事情的时候，你的自我效能感就会大大提升。

如果你相信自己能做成想做的事情，你就愿意尝试更多有挑战性的事情，而不是待在舒适区里。

所以，下一步就是跳出舒适区。

舒适区是你可以掌控的范围，在这个范围之内，你感觉一切都在你的掌控之中。这意味着什么呢？你会感觉在这个范围之内，你的一切动力都可以变成真的能量，而一旦超出了这个舒适区，你就担心自己控制不了，你的动力、你的愿望就可能会被"杀死"。

但是，如果你感觉到自我效能感在不断地提升，已经能实实在在地感觉到自我非常强大的时候，你会更愿意去尝试更难的事情，迎接更多的挑战，因为你相信自己一定可以做到。

3. 提高心力使用效率

屏蔽干扰项是提高心力使用效率的一种好办法。

我们每个人的心力都是有限的，你用一点就少一点。突如其来的电话、不断弹出的消息、各种嘈杂的噪声……这些总是打断我们的外界干扰都在消耗我们的心力。

为了提高心力的使用效率，你可以试着把注意力分配到重要的事情上，屏蔽干扰项。比如，尝试把手机调成静音，找到一个不被打扰的空间，给自己营造一个专注的环境。

另外一种提高心力使用效率的方法是冥想。

近些年，冥想越来越流行，有越来越多的企业在培训中引入冥想。因为科学研究表明，冥想能降低与压力反应有关的神经和荷尔蒙指标。在高压的工作之后，花十几分钟的时间来冥想，可以给自己迅速充电，恢复心力。

比如，你可以找一个让你感觉舒适的地方，挺直腰背，然后闭上眼睛，缓慢均匀地呼吸。接着，试着把所有注意力都专注在呼吸上。如果发现走神了，就重新把自己的注意力拉回来，继续专注地呼吸。然后，等待闹钟把你唤醒。

心力不是来自外界的给予，而是来自自己的内心。

祝你拥有强大的心力。

像哲人一样思考，像农夫一样耕耘

要想成为确定性，还要像哲人一样思考，像农夫一样耕耘。

什么意思？这要从一个人开始说起。

在居家办公期间，我读了由宁向东、刘小华两位老师编著的《亚马逊编年史》，贝佐斯的故事给我带来了很大的启发。

2000 年，因为互联网泡沫破灭，亚马逊的股价大跌80%——这可不是小跌，也不是腰斩，而是直接一路砍到了脚踝。普通人逢此大变，恐怕早已捶胸顿足、呼天抢地了。你可能会好奇：贝佐斯是什么反应？

贝佐斯在《2000 年致股东的一封信》中说道：

"对资本市场的许多人来说，这是残酷的一年，当然对亚马逊公司的股东来说也是如此，我们的股价比我去年写信给你们时下跌了 80% 以上。尽管如此，但不管从任何角度来看，亚马逊公司现在都比过去任何时候处于更有利的地位……为什么股价比一年前低那么多？正如著名投资者本杰明·格雷厄姆所说，'在短期内，股票市场是一台投票机；从长远来看，这是一台称重机'。很明显，在 1999 年经济繁荣的那一年，有很多投资者在进行'投票'，而不是'称重'。我们是一家希望被'称重'的公司，随着时间的推移，我们将会被'称重'。从长远来看，所有公司都是如此。与此同时，我们埋头工作，为的就是让我们的公司变得更胖、更重、更结实。"

说得真好。别和我说你看好谁，有一点你一定认同：更胖、更重、更结实的公司最终一定能打败更瘦、更轻、更虚弱的公司。

那么，贝佐斯是怎么做的？答案是：坚持"客户至上"，深挖护城河。

"客户至上"就是当你不知道该干什么的时候，研究客户永远是对的，因为客户代表着未来，客户是最确定的因素。只要把这个最确定的因素把握好，你就把握了未来。

所以，对企业来说，研究未来的本质是研究客户。未来

是否确定不重要，对手是否凶残不重要，重要的是客户，是
不变的人性。

贝佐斯反复说：要把战略建立在不变的事物上。比如，
无论未来怎么变化，消费者永远想要物美价廉的商品、更快
的物流、更多的商品选择，这是永远不变的。

你很难想象，有一天，消费者会跑到你面前说："你们
公司的产品真不错，才 5000 元？这样吧，'四舍五入'一
下，我给你 50 000 元，先给我装一车。""你们送货速度这
么快？昨天我才下单，今天就到了？不行不行，你们太辛苦
了，送货速度可以慢一点，这样吧，我买的东西怎么也得 3
个月才收货。"

深挖护城河又是什么？

贝佐斯在《2003 年致股东的一封信》中是这么说的：
"不断地推动'价格 – 成本结构循环'的良性运转，让我们
的模式更强、更有价值。软件开发成本是固定成本。如果变
动成本也能控制住，不随规模扩大而同比例增加，那么最终
分摊到每一元销售收入上的成本就是随规模扩大而下降的。
打个比方，像'一键下单'这样的功能，给 100 万人用和给
4000 万人用，成本是完全一样的。我们的定价策略并不是
以最大化利润率为目标，而是寻求为客户创造最大价值，从
而在长期内创造更大的利润。例如，我们的目标是珠宝销售

毛利率大大低于行业标准，因为我们相信随着时间的推移，客户自然会发现哪家店更实惠、更值得光顾。这种方法也将为股东创造更多的价值。"这就是在让客户获益的同时，挖了一条更深的护城河。

贝佐斯的这段话，其实也是在说一个商业中最基本的成本公式：

单位成本 =（固定成本 / 销售规模）+ 单位变动成本

根据公式，有三种办法可以降低单位成本：

一是降低固定成本（比如降低软件开发成本）；

二是降低变动成本（比如降低材料采购成本）；

三是扩大销售规模。

亚马逊选择了什么？显然是扩大销售规模。

那怎么扩大销售规模？用更低的价格。怎样才能有更低的价格？用低成本结构。怎样才能有低成本结构？扩大销售规模。

销售规模、低成本结构、更低的价格，形成了一条因增强果、果反过来增强因的"增强回路"，也就是贝佐斯所说的"价格 – 成本结构循环"。

就这么简单。

你可能会惊呼：天啊，这听上去也太显而易见了吧！谁不知道销量越大价格越便宜？

是的，每个人都知道，但是从零开始推动这个"增强回路"，需要很长的时间才能看到明显的效果，大部分人根本等不及，他们总是会问"有没有更快的办法"。

而亚马逊推动了多少年呢？ 20 年。

亚马逊从 1994 年刚成立时就开始推动这个叫作"价格 - 成本结构循环"的增强回路，即使每年亏损，也要不断"先降成本再降价格，降完价格再降成本"。这种农夫耕耘式的坚持让投资人的脸都绿了，但同时，也让竞争对手的胆都破了：真倒霉，碰上个不要命的！

用"价格 - 成本结构循环"一锹一锹地往下挖，虽然不赚钱，但销售规模会越来越大，亚马逊面前就出现了一条叫作"规模效应"的护城河。

一直挖到 2015 年，当规模效应足够大、护城河足够深，再也无人可以跨越时，亚马逊终于开始赢利。

从此之后，亚马逊的股价一飞冲天，一度成为全球市值最高的公司。

每当环境变化时，不要迷恋竞争对手，不要恐惧不确定性，也不要为错过风口而扼腕叹息，请你像哲人一样思考，像农夫一样耕耘。

百胜中国的 CEO 屈翠容有一句话说得好："不要先想着赚钱，要把正确的事情做好，要赚人心。"

俯瞰沃野，苍茫浩瀚。

那些在快速变化中还能幸存的企业，都做到了持续深耕，像农夫一样精心耕耘。

时代的变化越来越快，未来只会更快。坚持创造价值，坚持创新性，坚持客户至上，或许就是在激荡的变化中找到并成为确定性的方法。

POSTSCRIPT ● **后 记**

我的年度演讲有一个非常重要的目
标，就是尽我所能地帮助创业者、管
理者以及渴望进化的个体看清当下
的规律，理解未来一年可能发生的趋
势，为他们年底的年度战略会、年度
目标制定提供一些参考。

年度演讲的逐字稿是怎么写成的

从 2022 年 10 月 1 日起，我不出差、不见客户、不参加会议，整整闭关 28 天，只为做一件事情——准备年度演讲。

然而，在这场年度演讲的准备中，我做的最重要的一件事是写逐字稿，你现在所阅读的这本书正是脱胎于此。

为什么逐字稿很重要？其实答案很简单，就像老师讲课的时候需要准备大纲，而演讲者要驾驭一场演讲，在内容上也要进行各种繁杂的准备。

讲课的重心在"课"字上面，重点在于内容的聚焦，在于把每一块内容讲透。而演讲的重心在"演"字上面，重点在于演绎与表演，在于舞台上的整体表现。

我很喜欢《歌剧魅影》，这部音乐剧是公认的四大音乐剧之一。从 1986 年登上舞台开始，这部音乐剧连续上演近40 年，是百老汇最叫座的剧目之一。

它之所以能保持这么久的生命力，我想，除了男女主角及其他演员精湛的表演力、脍炙人口的歌曲之外，极度精美的舞台呈现也很重要。

有人会说：舞台不就是布景吗？不就是用来衬托的吗？

不全是。

《歌剧魅影》的舞台让我深刻地体会到了舞台是如何讲故事的。在这部音乐剧中，随着故事的推进，舞台会有不一样的呈现。同样是剧院场景中的戏份，随着女主角成长历程的演变，有不同的灯光设定。头顶的那盏水晶灯，更是给人极大的冲击力。在剧院地下室的幽暗小道中，我们和女主角一起探险，和男主角一起体会内心的起起落落。虽然整部剧将近 3 个小时，但你在观看的时候丝毫不敢眨眼，丝毫不会走神。

在我看来，演讲也应该是一场舞台剧，只不过表演者是一个人。演讲的精彩离不开整体的谋篇布局、情节设计和情绪渲染。

而我为这种精彩呈现所能做的最重要的事，就是准备逐字稿了。

那么，逐字稿应该怎么写呢？

在这里，我要和大家一起细细回味其中的"一把辛酸泪"，也作为这本书的后记，让大家深入地了解我的年度演讲是如何做出来的。

1. 全篇的逻辑是如何形成的

逻辑是逐字稿的地基，没有地基，一切只是浮于表面，经不起推敲。但是，说实话，关于年度演讲的逻辑主线，我想了很久，从 2021 年年度演讲结束就开始想了。那时还只是一些模糊的关键词，现在你在进化岛社群里往回翻，翻到 2021 年 11 月、12 月，或许还能找到我当初思考的蛛丝马迹。

2022 年元旦，我和润米的同学们一起去海南开年会，年会第二天，我坐在沙滩上晒着太阳，继续思考着年度演讲的框架，又想出了一些关键词，比如"外卷""专精特新""隐形冠军""智能科学"，但这时的逻辑依旧是零散的。

2022 年春节，我在南京父母家过节，一边帮父母清理冰柜，一边快速补课，补那些还没看的书单、报告。只有大量地输入，才能有高质量的输出。

于是，那段时间又诞生了一些新的关键词，比如"Web 3.0""碳中和""逆经济周期""跨经济周期""从 β 型企业到 α 型企业"等，还有冬奥期间很火的消费现象"冰雪经济"。

　　这时，逻辑虽然依旧零散，但渐渐地有了一些明显的分类。比如，这些关键词有的是对宏观规律、周期的分析，有的是对技术变革的研究，有的是站在企业经营角度的思考，有的是对现象的描述。

　　真正开始形成一条完整的逻辑链，是我在忙着"靠讲课兑换四个鸡蛋"那会儿。居家办公的那两个月，我研究了波动、周期、趋势、规划、意外这类宏观规律，这之后，逻辑框架才慢慢明朗起来。

　　我的年度演讲有一个非常重要的目标，就是尽我所能地帮助创业者、管理者以及渴望进化的个体看清当下的规律，理解未来一年可能发生的趋势，为他们年底的年度战略会、年度目标制定提供一些参考。

　　要想看清当下的规律，站在微观视角是不行的。当你看到一片叶子黄了，你并不能推断出秋天已经到来，或许它是香樟叶，香樟树是在春天换叶子的。所以，我们一定要立足宏观，而用周期、趋势、规划来解释宏观的经济现象是再适合不过的了。

　　可是，这些概念有点太"硬"了，单刀直入，会给读者带来沉重的认知负担，而且它们是普适性的规律，时代性弱，看起来和 2022 年似乎没什么强关联。

　　那怎么办呢？

我开始从 2022 年的关键词找起。在翻阅了这一年大大小小的各种新闻后，我关注到了一个关键词——"不确定性"。

2022 年，这个词被反反复复提及，这仿佛在不断地释放信号：我们正面对巨大的不确定性，该怎么办？

要想知道"HOW"（怎么做），就得先知道"WHY"（为什么）。要想理解"WHY"，就需要以"WHAT"（是什么）来解释。

现在，这个逻辑就通了。以"不确定性"这一关键词作为起点，我从意外、周期、趋势、规划这些规律中看到了"WHAT"，知道了"WHY"，归纳出"HOW"。

有了逻辑主线，在长达半年的时间里我不断积累素材，然后顺着主线确定了最终的八个关键词，这场年度演讲也因此分为八个主题。

接下来的问题是：每个主题中的小节与正文应该如何谋篇布局？

我曾经分享过一本关于商业写作的必读书——芭芭拉·明托（Barbara Minto）的《金字塔原理》。在这本书中，她介绍了一个叫作"SCQA"的概念。

S（Situation）即背景，也就是这件事情发生的外部环境、内生原因以及当前进展等。比如，2022 年考研、考公人数增加，这就是背景。再比如，绿色经济的发展也是背景。

C（Conflict）即冲突，也就是这件事情会造成什么后果，这件事情的发生好像和预期不符，等等。比如，全球禁塑后，塑料门卡生意遭受了沉重的打击，这是冲突。再比如，南极的企鹅因为气候变暖而冻死，这也是冲突。

Q（Question），即你提出的问题、你要解决的麻烦。比如，如何理解"十四五"规划，这就是问题。

A（Answer）即答案，也就是你的观点，比如把"十四五"规划的 5 大类 20 个指标分为预期性指标和约束性指标，分别进行理解。

这就是写作的逻辑势能形成的四要素，它们有不同的排列组合方式。

（1）ASC 式（答案—背景—冲突）

ASC 式就是先抛出读者最关心的答案，再完整地交代背景，最后描述冲突，是一种开门见山的写作方式。

听上去有些抽象，我想请你花上宝贵的一分钟时间，思考一下这个问题：ASC 式最适合用在什么场景里呢？

答案是工作报告。

举个例子。做工作报告的时候，你可能会对老板说：

"老板，我今天要向你报告的是对公司销售激励制度的调整建议，我认为奖金制比提成制更符合我们公司当下的情况。"这就是开门见山，直接抛出答案。

老板一听，一定会很感兴趣："哦！原来你想和我聊这件事，这是大事啊，怎么回事？你为什么会有这样的提议？"

这时，你告诉他："公司从创始以来一直使用提成制来激励销售队伍，这是主流的三大激励机制中的一种，它们分别适用于不同的场景。"这是背景，交代一下公司激励制度的由来。

老板一听，纳闷了："原来提成制只是激励机制中的一种啊，那你说说，用提成制怎么就不好呢？"

"但是，在公司业务迅猛发展、覆盖地市越来越多的情况下，提成制会造成很多激励上的不公平，比如富裕地区和贫穷地区的不公平、成熟市场和新进入市场的不公平……它会给公司带来很多损失，甚至导致公司陷入员工拿到大笔提成但公司却在亏损的状态。"这就是冲突，把提成制带来的负面影响说清楚。

看到这里，你可能会说："这也太麻烦了吧，不用 ASC 式，难道就写不成工作报告了吗？"

不用 ASC 式当然也能写工作报告，不过，没有逻辑势能的工作报告，可能会导致这样的情况：我花了大把的时间，写了一份面面俱到、非常完备的工作报告，一直写到了凌晨 3 点多，可是，第二天报告的时候，老板听了 10 分钟就受不了了，对我不停地说"讲重点，讲重点，讲重点！"我一听，马上说："老板，我说的这些都是重点啊！"可是，老板想听的重点其实是：你想和我说的"答案"到底是什么？

ASC 式特别适合用在突出"答案"的场景中。

（2）CSA 式（冲突—背景—答案）

CSA 式是先强调冲突，引发读者的忧虑，再交代背景，最后公布答案。

很多商家在做广告的时候都喜欢用 CSA 式。

比如，当你看到一则广告，第一句话就是"你继续这样下去可能会瘫痪！"时，你心里一定会"咯噔"一下："到底怎么回事？我做什么了，怎么就要瘫痪了？"

这就是冲突。

接着，广告开始讲人的颈椎很脆弱，长时间使用电脑姿势不正确会带来很多健康隐患等，这就是背景。

这时，有人会想："我用电脑的姿势的确不太对，怎么改善呢？"广告马上给出了答案："某某品牌人体工学显示器支架，让你的电脑屏幕可以上下、前后、左右调节，全方位呵护你的颈椎！"

这就是答案。

听到这里，恐怕很多人都会买。

这就是 CSA 式，关键在于强调冲突，引发读者的忧虑，激发对背景的关注和对答案的兴趣。

（3）QSCA 式（问题—背景—冲突—答案）

关于 QSCA 式，我直接举个例子。

"今天，全人类面临的最大威胁是什么？"这是一个问题。

"在过去的几十年里，科技高速发展，人类拥有的先进武器已经可以摧毁地球几十次。"这是一个背景。

"但是，我们拥有了摧毁地球的能力，却没有逃离地球的方法。"这是一个冲突。

"所以，我们今天面临的最大威胁，是没有移民外星球的科技。我们公司将致力于私人航天技术研发，在可预见的将来实现火星移民计划。"这是一个答案。

是的，相信你已经猜到，这段发言来自埃隆·马斯克。

这就是 QSCA 式，关键在于突出信心，告诉读者这件事是个大麻烦，但我能解决；这个难题带来了很大的困扰，但我有办法。

ASC 式、CSA 式、QSCA 式是三种创造逻辑势能的心法。我从中受益良多，还将学习心得用在了《5 分钟商学院》中。

2. 故事是如何注入灵魂的

在逐字稿中，每一个主题我都采用了以故事导入，再引出模型或理论，接着再用新的故事做补充或证明，最后给出结论的写作方式。毕竟，纯讲理论，大家一定会感觉非常枯燥，谁会愿意在长达 4 个小时的演讲中一直盯着模型、数据看呢？而且，这些模型和数据通常"过目就忘"。

所以，好文章必须要有有血有肉的故事、案例。

还好，我一年有近 200 天都在出差、见人、参访，不断地"日观人相"，积累了很多创业者的精彩故事。

可是，故事应该怎么讲呢？

一个创业者用心讲述的那些跌宕起伏的故事，如果以一种平铺直叙的方式转述出来，就会失去"灵魂"，就会丢了代入感。好的故事应该是娓娓道来的，让观众听了时而会心一笑，时而感动落泪，时而心中涌起力量感。

所以，在写作中，我会在讲故事的部分努力加入一些情绪的表达，使我的演讲幽默、温暖和有力量。

先说幽默。比如，在第 1 章"不确定性"中，我讲了发生在我自己身上的一件事：春节回家，我忙着帮父母收拾冰柜里的陈年旧货，甚至"威胁"他们等我一回上海就请人来把冰柜处理掉，但没想到的是，一回上海，我就经历了居家办公，最后，绕着圈子和父母打电话确认冰柜没扔，转头给自己买了一个新冰柜。

在这个故事里，我扮演了一个"丑角"，前半段"自作聪明"，后半段"反被打脸"。这正是一处幽默感的设计。

再比如，在第5章"消费进化"中，我讲了参访小红书时惊奇地发现原来有那么多新鲜的生活方式、新词，比如"早C晚A""简法生活"等。我很困惑：每一个字我都认识，但是组合在一起，怎么就读不懂了呢？这件事让我大受震撼。我仿佛一个孤陋寡闻的"远古人"，闯入已经进化了的现代文明。

这也是一处幽默感的设计。

在我看来，幽默往往是通过低姿态的自嘲实现的。

中国有句老话叫"君子自污"。当你浑身雪白地出门时，就会有人忍不住往你身上泼脏水，对你充满恶意。人们不相信洁白无瑕，或者不能忍受有人洁白无瑕。事实上，也没有人是完美无缺的。那怎么办？出门前，自己往自己身上泼一些脏水，这样别人看到你就会哈哈大笑，但是恶意全消。

你可能会想：这有什么意义？他污、自污，不都是

"污"吗？其实，"污"不重要，重要的是，"他污"是用来邀请恶意的，而"自污"是用来邀请善意的。

所以，我常说，要把好事留给别人，把坏事都留给我自己。比如，当我在写作中提到不好的事情时，我通常会用自己举例子：假如"我"得了癌症，让"我"好好想想还有哪些要紧事……这就叫"君子自污"。

开自己的玩笑，是一种幽默感。把优越感让出去，才有机会影响别人。

而温暖和有力量，往往用在讲述别人的故事上。

比如，在第 2 章 "化解意外"中，我以俞敏洪老师用 200 亿元来保持财务弹性的故事引入主题。俞老师的故事令人震撼，令人感动，可是，如何才能尽可能地还原这个故事呢？

我选择了蒙太奇的手法。一开始就开门见山，直接给出结果——2021 年，在遭遇了常人无法想象的意外后，在行业内很多人都"树倒猢狲散"的时候，俞老师依旧全额退还了学费，全额支付了工资，还捐赠了桌椅板凳给偏远地区的学校。这对任何一家公司来说，都是非常不容易的。

可是，他是怎么做到的呢？我没有直说，而是先卖了个关子，转移到一个新的话题——我和俞老师的直播上。在那场直播里，我向俞老师请教了这个问题，而俞老师的回答令人意外：在新东方的账户上，时刻准备着 200 亿元现金。他坚定地说："面对再大的诱惑，这 200 亿元都坚决不动，除非换掉我这个董事长。"

透过俞老师质朴的表述，一种在意外中孑然独立的形象慢慢地明朗起来，情绪也在此时逐渐升华。

可是，这个故事到此结束了吗？

还没有。

在讲完了不同种类的弹性之后，到了这一章的最后，我们又回到了俞老师的故事，但这一次讲的不是如何化解意外，而是如何低谷反弹，也就是东方甄选的故事。随着东方甄选的爆火，新东方的市值陡增约 200 亿元。

一降一起，一落一弹，关于弹性的逻辑闭环就这么完成了。

更重要的是，这个故事中的那种确定性的力量感、那种质朴的温暖被渲染得淋漓尽致。

关于情绪的设计，在逐字稿中还有很多，比如，第 6 章"元宇宙"中约书亚通过人工智能对话系统"复活"他深爱的未婚妻杰西卡的故事。再比如，第 8 章"成为确定性"中凯乐石创始人钟承湛在突遇意外后再次"站起来"的故事。

不过，我想，我的这点"小心思"，可能早已被火眼金睛的你看穿了吧。

所以，再精细的笔法，终究抵不过最本质的"用心"，比如，对象感、同理心。

3. 如何营造对象感

我经常对我的同事说："你们写文章的时候，要当作这篇文章是写给商业领域的专家看的。"当然，我们的文章不是专门给商业领域的专家看的，而是服务于每一位对商业有兴趣的人。

说"给商业领域的专家看"，是因为写作要树立一种对象感，好像对方就坐在你对面一样。如果一个商业知识很丰富的人就坐在你对面，那这句话你还会不会这么写呢？你一定会认真思考，然后连连摆手："哎呀，不行不行，不能'差不多就得了'，我得重新组织一下语言。这个地方不能写得云里雾里的，那个地方不能写得不明就里的，否则，他会笑话我的，我好歹……"

有了这种对象感，文章才有对话感。

对象感如何营造？我想，最重要的是靠想象。想象你的对面坐着观众，坐着创业者、管理者、爱学习的人，甚至可能还有孩子。

果真是，在年度演讲的第二天，有一位读者在评论区给我留言："5 岁的儿子在电脑前问这个人是谁？妈妈说是刘润，巧合的是，他又问电脑显示器叫什么？妈妈说是小米，这个老师的儿子也叫小米。每次看直播的时候，他都会问上面那个会动的、卡通的是谁呀？今天中午好像把卡通人物和真人对上了，然后一直在电脑前重复润总的名字，重复润总说的话。"

本质上，对象感来源于对同理心的研习，而同理心就是想人之所想，说出他们的心里话。

比如，在第 3 章"穿越周期"中讲到了库存周期，在介绍完库存周期后，我设计了一小段话：有时候你的东西卖不出去，不是因为销售人员不努力，只是因为遭遇了库存周期的低谷。

或许，坐在听众席、看直播或者阅读本书的人中就有这样一位销售，因为遭遇了库存周期的低谷而卖不出去东西被老板责备，之前他一直"敢怒而不敢言"，现在终于有一个人、有一个姑且有一点流量的人替他说出了这句话，他可能会觉得被顾及了，会感到暖心。

我常常会偷偷地琢磨：此时此刻，正在看这本书的你正处于一种什么样的状态？

你可能正在下班高峰的人潮之中，拖着疲惫不堪却不肯服输的身躯，希望用碎片化的时间学习一点感兴趣的知识。

你可能正在享受舒适的午餐时光，右手拿着筷子，左手刷着手机，嘴里嚼着美食，大脑还在放空，心里却装着未完成的工作。

你的城市也许正在下雨，你在拥挤的地铁上焦虑地想着马上就要迟到了，然后又甩一甩头，想把烦恼甩掉。

你可能正在沙发上"葛优躺"，悠闲地翻着这本书，已经深夜了，你想"再看一会儿就睡了"。

不管是哪种状态，我都希望这本书能带给你好的阅读体验。

其实，对象感或者说同理心的研习，不像故事一样需要起承转合，也不像逻辑一样需要环环相扣，它体现在一处处细节中，这些细节很微小，但是无处不在。它是一种写作时的下意识之举，也是在写完初稿后不断精修时需要重点着墨的部分之一。

4. 如何抓住稍纵即逝的注意力

人们的注意力总是稍纵即逝的，那么，怎么才能将其抓住？

我的方法是"5商派"，简单来说就是"场景导入—打破认知—核心逻辑—举一反三—回顾总结"。

第一步，场景导入。"你有没有遇到过这样的客户？你满怀激情地跟他聊了很久，介绍了半天你的产品，他确实也很心动，觉得似乎什么都好但就是太贵了。"像这样把读者请进你的文字空间，赋予他们身份和情绪。

第二步，打破认知。"真的是因为他小气吗？你可能会发现他的包、他的表都很奢华。小气和大方是相对的，那有没有什么办法让这些所谓'小气'的客户变得大方呢？"

这些问题，你可以帮读者问出来。这样一来，读者的思绪就被一只看不见的手牵着走了："我刚想问，你就说了，所以，到底是因为什么呢？"

第三步，核心逻辑。"今天，我们就来讲一讲小气和大方背后的商业逻辑，教你如何解决这个问题。"这就是你即将给出的答案。

第四步，举一反三。"其实，这个逻辑还出现在很多其他地方……""关于今天这个话题，我还有几个建议……"这就是举一反三，不仅要交付知识，还要交付这种知识的其他用途。

第五步，回顾总结。"回到最开始的那个问题，今天我们聊了这么几件事……"帮读者进行梳理，最后再提高、升华。

通过这五步，读者的注意力就会始终被你抓住了。

5. 如何降低认知成本

经常看我的文章的人都了解，我在写作中经常会"举个例子"，在这本书中，这句话也同样频繁地出现。

我为什么要举例子呢？是为了降低认知成本。

如果你能用一个触达心扉、感人至深的故事把道理讲清楚，自然很好，但是总有一些复杂的知识点或者概念是没办法用故事讲明白的，而直接抛出一条定义，又特别晦涩难懂，这时就需要举例子。

我曾经写过一篇文章《到底是什么"新规"，暂缓了蚂蚁上市？》，我当时的目的是帮助大家理解一件事：国家要实行一项新规——在单笔联合贷款中，经营网络小额贷款业务的公司出资比例不得低于 30%。

这条"新规"是什么意思？这条"新规"和蚂蚁有什么关系？怎么就影响到蚂蚁的估值了？

如果我只是把这条"新规"简单地"复制粘贴"到文章里，读者就只好"带着问题来，又带着问题走"。

怎么办？

举例子，把这件事讲清楚。

我举了一个小张的例子。小张是支付宝的客户，芝麻信用分很高，以 10% 的年利率向蚂蚁借了 1 万元。蚂蚁找到银行：我们用科技（大数据、人工智能等）评估过了，这是一个好客户，可以借。我们合作吧，我出 1% 的资金，你出99%；10% 的利息，一人一半。

银行一算：你出科技，我出金融。本金 9900 元，利息 500 元。5.05% 的收益率，可以。

蚂蚁一算：我出科技，你出金融。本金 100 元，利息 500 元。500% 的收益率，更可以。

双方一拍即合。

但是，"新规"规定，蚂蚁出资不得低于 30%。这意味着借给小张的 1 万元中，至少 3000 元必须是蚂蚁出。假设本金 3000 元，利息 500 元，蚂蚁的收益率立刻从 500% 降为了 16.67%。

看完这个例子，你就能明白这项"新规"为什么会影响到蚂蚁公司的估值了。因为出资比例增加到 30%，意味着收益要降低很多。

这就是通过举例子，把一件事讲清楚，帮助读者降低认知成本。

6. 如何窥探核心本质

除了讲故事、举例子，我还常常打比方。

"打比方"这事其实挺难的，你得把一件事类比成另外一件事，这就意味着，你得同时窥探两件事的本质。

比如，品牌。打造品牌特别抽象。品牌和店铺是不一样的；不同品牌的打造方式是不一样的；有的品牌喜欢讲故事，有的品牌喜欢玩定价……关于品牌，能延伸出很多话题。那么，该怎么和读者说清楚品牌到底是什么呢？

找一个很常见的事物来打个比方。

我会说，品牌就像一个容器，比如一个大碗，里面的东西越多，这个容器就越稳。打造品牌过程中做的各种各样的事，其实就是为了往这个容器里放三样东西，第一样叫了解，第二样叫偏好，第三样叫信任。

这就是打比方，把一件抽象的事"翻译"成一件贴近生活的事。

7. 如何给文章添上点睛一笔

我在写逐字稿时，一直在想如何给文章增加点睛之笔。我的方法就是添加金句。

什么是金句？简单来说，就是一句听上去朗朗上口、一下子打动人心的话。比如"所有伟大的企业，都是'冬天'的孩子""存心时时可死，行事步步求生"。

你可能会说："我看过很多金句，也知道金句的重要性，可是，我要怎么写出金句呢？"

关于这个问题，我的办法是收集。金句是偶得的，就像是天赐的宝物一样。

我的手机备忘录里收集了很多金句。

比如玩笑类的，"事已至此，先吃饭吧""有空早点睡，没事多赚钱"。

比如情绪类的，"其实大部分人都已经见完彼此的最后一面了""只有你自己能给自己安全感。"

比如辩证类的，"一流的人才雇用一流的人才，二流的人才雇用三流的人才""多少好答案，正在等一个好问题"。

这些就是金句，可以给你的文章添上点睛的一笔。

最后的话

在"开封菜"系列直播中，我曾经和大家分享了"写作的心法"，讲了同理心、幽默感、对象感是如何运用到演讲、新媒体文案等的写作中的。

我的方法不一定准确，毕竟，我不是中文系毕业的，文学不是我的专长。但这些都是我在日常写作中归纳、总结出来的经验，在写年度演讲的逐字稿时，这些经验也发挥了很大的作用。

一点经验之谈，希望可以给你启发，也希望能得到你的指教。

最后，我还要分享三句话：

"日拱一卒，功不唐捐。"写作能力不是一天养成的，离不开每一天的积累。

　　"三人成行，必有我师。"故事的起承转合、逻辑的环环相扣，绝不是一家之言，离不开每一位创业者的讲述、每一位研究者的分享。

　　"有一种力量，让我们百炼成钢。"一次次的写作就是"百炼"，期待它终会让你"成钢"。

　　感谢你们的陪伴，这场演讲的"音乐剧"能顺利谢幕，离不开大家的支持。

推荐阅读

底层逻辑：看清这个世界的底牌

作者：刘润 著 ISBN：978-7-111-69102-0

为你准备一整套思维框架，助你启动"开挂人生"

底层逻辑2：理解商业世界的本质

作者：刘润 著 ISBN：978-7-111-71299-2

带你升维思考，看透商业的本质

进化的力量

作者：刘润 著 ISBN：978-7-111-69870-8

提炼个人和企业发展的8个新机遇，帮助你疯狂进化！